Anfitrião
Amphitruo
EDIÇÃO BILÍNGUE

Tito Mácio Plauto

PLAUTO

Anfitrião
Amphitruo

EDIÇÃO BILÍNGUE

TRADUÇÃO, INTRODUÇÃO E POSFÁCIO
Leandro Dorval Cardoso

PREFÁCIO DE
Brunno Vinícius Gonçalves Vieira

autêntica C|L|Á|S|S|I|C|A

Copyright © 2020 Autêntica Editora

Título original: *Amphitruo*

Todos os direitos reservados pela Autêntica Editora Ltda. Nenhuma parte desta publicação poderá ser reproduzida, seja por meios mecânicos, eletrônicos, seja via cópia xerográfica, sem a autorização prévia da Editora.

COORDENAÇÃO DA COLEÇÃO CLÁSSICA, EDIÇÃO E PREPARAÇÃO
Oséias Silas Ferraz

EDITORAS RESPONSÁVEIS
Rejane Dias
Cecília Martins

REVISÃO
Lúcia Assumpção
Júlia Sousa

CAPA E PROJETO GRÁFICO
Diogo Droschi

DIAGRAMAÇÃO
Guilherme Fagundes

Dados Internacionais de Catalogação na Publicação (CIP)
(Câmara Brasileira do Livro, SP, Brasil)

Plauto, 254-184 a.C.
  Anfitrião / Tito Mácio Plauto ; tradução, introdução e posfácio de Leandro Dorval Cardoso. -- 1. ed. -- Belo Horizonte : Autêntica, 2020. -- (Coleção Clássica)

  Título original: Amphitruo.
  ISBN: 978-85-513-0634-5

  1. Comédia Latina - História e crítica 2. Gênero poético 3. Plauto, 254-184 a.C. - Anfitrião - Crítica e interpretação 4. Tragicomédia I. Cardoso, Leandro Dorval. II. Título III. Série.

19-28749 CDD-809.2

Índices para catálogo sistemático:
1. Teatro : História e crítica 809.2
Iolanda Rodrigues Biode - Bibliotecária - CRB-8/10014

Belo Horizonte
Rua Carlos Turner, 420
Silveira . 31140-520
Belo Horizonte . MG
Tel.: (55 31) 3465 4500

São Paulo
Av. Paulista, 2.073, Conjunto Nacional
Horsa I . 23º andar . Conj. 2310-2312
Cerqueira César . 01311-940
São Paulo . SP
Tel.: (55 11) 3034 4468

www.grupoautentica.com.br

A Coleção Clássica

A Coleção Clássica tem como objetivo publicar textos de literatura – em prosa e verso – e ensaios que, pela qualidade da escrita, aliada à importância do conteúdo, tornaram-se referência para determinado tema ou época. Assim, o conhecimento desses textos é considerado essencial para a compreensão de um momento da história e, ao mesmo tempo, a leitura é garantia de prazer. O leitor fica em dúvida se lê (ou relê) o livro porque precisa ou se precisa porque ele é prazeroso. Ou seja, o texto tornou-se "clássico".

Vários textos "clássicos" são conhecidos como uma referência, mas o acesso a eles nem sempre é fácil, pois muitos estão com suas edições esgotadas ou são inéditos no Brasil. Alguns desses textos comporão esta coleção da Autêntica Editora: livros gregos e latinos, mas também textos escritos em português, castelhano, francês, alemão, inglês e outros idiomas.

As novas traduções da Coleção Clássica – assim como introduções, notas e comentários – são encomendadas a especialistas no autor ou no tema do livro. Algumas traduções antigas, de qualidade notável, serão reeditadas, com aparato crítico atual. No caso de traduções em verso, a maior parte dos textos será publicada em versão bilíngue, o original espelhado com a tradução.

Não se trata de edições "acadêmicas", embora vários de nossos colaboradores sejam professores universitários. Os livros são destinados aos leitores atentos – aqueles que sabem que a fruição de um texto demanda prazeroso esforço –, que desejam ou precisam de um texto clássico em edição acessível, bem cuidada, confiável.

Nosso propósito é publicar livros dedicados ao "desocupado leitor". Não aquele que nada faz (esse nada realiza), mas ao que, em meio a mil projetos de vida, sente a necessidade de buscar o ócio produtivo ou a produção ociosa que é a leitura, o diálogo infinito.

Oséias Silas Ferraz
[coordenador da coleção]

9 **PREFÁCIO**
Brunno V. G. Vieira

15 **INTRODUÇÃO**

43 **ANFITRIÃO**

    49 Arco I

    79 Arco II

    109 Arco III

    117 Arco IV

    123 Arco V

    135 Arco VI

137 **POSFÁCIO**
As estruturas musicais do *Anfitrião*

165 **BIBLIOGRAFIA**

169 **APÊNDICE I**

170 **APÊNDICE II**

173 **SOBRE O TRADUTOR**

Prefácio

Este *Anfitrião*, que aqui se abre, é novo não apenas como todo livro o é na época de seu surgimento ou no início de sua leitura. Não obstante ser já um *habitué* em língua portuguesa, acolhido que foi ao menos outras quatro vezes (nas traduções de Silva, 1952; Fonseca, 1978; Dezotti, 199X; e Costa, 2014) e apesar de representar uma das peças do comediógrafo latino Plauto (III-II a.C.) mais imitadas (Camões, Shakespeare, Molière, A. J. da Silva, Suassuna), ele volta agora renovado em sua forma, o que significa chegar de fato diferente aos nossos olhos e ouvidos.

Leandro Dorval Cardoso oferece uma tradução poética de *Anfitrião*, a primeira concebida em português com essa declarada finalidade. Para tanto, o tradutor lança mão de recentes estudos sobre a obra plautina (MARSHALL, 2006; MOORE, 1998a, 1998b, 2012) que têm identificado e explorado criticamente o caráter performativo da variação métrica do texto como elemento fundamental para sua recepção. Segundo esses autores, o substrato rítmico e métrico, além do musical a eles atrelado, tanto regulam as segmentações do enredo quanto agenciam os afetos dos personagens/atores e seu respectivo acolhimento pelo público. Sensível a esse dado, que é amplamente esmiuçado na "Introdução", o tradutor engendra um sistema de recriação do arranjo métrico presente no texto latino que singulariza sua empreitada em relação aos tradutores latino-portugueses precedentes.

Essas quatro versões portuguesas, a despeito de seu investimento elocutivo na transposição dos ardilosos jogos de palavras e sentidos recorrentes em Plauto, não se propuseram a responder ao dado poético de sua metrificação, nem mesmo observando as linhas correspondentes aos versos. Assim, a opção que seus tradutores fazem pela prosa inevitavelmente acaba por destacar o enredo do texto, que, embora seja fabuloso, como também faz notar o tradutor em seu posfácio, traz ao leitor apenas uma parte da experiência dramática ali empreendida.

Uma questão que se coloca, então, é a do efeito prosaico dos versos cômicos, apontado já pelos testemunhos antigos, em contraste com o sofisticado uso das variações métricas nas peças: em que medida a alegada coloquialidade textual dessas obras dramáticas imporia, ou não, a escolha pela prosa em sua tradução?

Aristóteles declara na *Poética,* tratando de metros dramáticos, que o iambo é "o metro que mais se conforma ao ritmo natural da linguagem corrente" (trad. Souza, 1449a, 20). Talvez por influência desse pensamento, Cícero chega a dizer que "o discurso de Platão e Demócrito pareceu a muitos dever ser considerado mais um poema que aquele dos poetas cômicos nos quais, senão pelo fato mesmo de usarem uns versinhos, nada é dissemelhante da fala cotidiana" (Cic. *Or.* 67).[1]

A despeito desse tom coloquial, no entanto, a versificação dos cômicos, cujo diminutivo *uersiculi* adotado por Cícero é índice de menoscabo, impõe ao texto necessariamente um ritmo mais ou menos regular que deixa patente a não naturalidade das falas pensadas para os olhos e para os ouvidos de seu público. Como o próprio arpinate acrescenta na sequência da precedente afirmação: "nem, contudo, isso [o uso de versos, mesmo coloquiais] é a primazia de um poeta, ainda que, por esse dado, ele possa ser mais louvável, quando persegue as virtudes do orador, estando ainda constrangido pelo verso" (*Or.* 67).[2] Se um texto procura a excelência da expressão (*uirtutes oratoris*), e tal fato é conquistado mesmo com o "constrangimento" do verso, esse é um expediente digno de louvor e, evidentemente, o poeta — para que a sujeição imposta por essa forma não seja vã — irá explorá-la ao máximo grau possível.

Portanto, a adoção de uma forma métrica, ainda que essa, já no original, se esboçasse bastante livre, induziu o tradutor e a língua de que faz uso a se esmerarem na acolhida, não apenas do conteúdo original, mas de sua engrenagem verbal. O efeito gerado por essa potencialização da forma receptora, que é poético por excelência,[3] faz toda a diferença na presente tradução, pelo fato de ela exercitar, no cerne de seu sistema, uma experiência formal de linguagem.

Assim, a recriação do artifício métrico gera no receptor uma sensação de algo que está além da comunicação, e que o original testemunha daquele modo contundente que faz de Plauto, Plauto. No limiar da prosa, há verso em ritmo dissoluto. Há escolha vocabular excêntrica, cujo fim, tanto do poeta quanto do tradutor-poeta, é trabalhar para a plurissignificação do pensamento, seja no seu componente sonoro e rítmico, seja na sua estreita intimidade com os significados que a interação arquitetada dos significantes constrói.

A identificação entre pensamento e discurso encontra-se na definição de obra de arte feita por Friedrich D. E. Schleiermacher (1768-1834), ainda valiosa nos dias de hoje. Para ele, os textos artísticos são aqueles em que "predomina o pensamento, que se identifica com o discurso, e não a coisa, para a qual a palavra é apenas um signo arbitrário" (SCHLEIERMACHER, 2010, p. 51). Ora, ousar uma resposta ao complexo métrico de Plauto, ou seja, fugir da arbitrariedade do signo, o que o próprio exercício de uma forma poética implica, trata-se de um passo decisivo em direção à identidade entre pensamento e discurso, à qual, muitas vezes, chega o presente projeto tradutório. O método de recriação métrica alça o texto a algo que está mais além da mera comunicação de seu sentido. Ele favorece uma apreensão do som, do ritmo, e, por fim, da música, que enriquece o seu conteúdo. Tudo isso junto contribui para o chiste e seu consequente riso, fim último do texto cômico.

Sim, o tradutor deve haver-se com esse desafio não muito simples: o texto de Plauto é engraçado. Logo, um dos objetivos de sua escritura reside no humor que dela deve resultar. A gargalhada, sem dúvida, é sua glória. Para reenunciar em português os efeitos rítmicos do texto de partida, o texto de Leandro Dorval Cardoso alcança uma brevidade própria da poesia,[4] resultante do efeito lúdico da economia nas palavras e da motivação eufônica, inerentes ao verso. Essa particularidade da tradução acaba por atingir — mesmo que inconscientemente, o que, por acaso, soa irônico aqui — o dispositivo do chiste que tanto atrai pesquisadores do riso e psicanalistas.

Recorro à síntese desse dispositivo tal como apresentada por Cleise Furtado Mendes:

> a premissa básica do enfoque freudiano [é que] "a produção de prazer corresponde à despesa psíquica que é economizada". [...] O princípio da economia que funciona em tantas técnicas dos chistes verbais (fundindo palavras, substituindo-as por um similar, etc.) apontaria para uma tendência mais geral de "poupança de energia" em nossas atividades mentais. [...] Os chistes produzidos por essas técnicas visariam liberar o antigo prazer de brincar com as palavras,

ao qual o adulto "sério" deve renunciar em nome do senso crítico. Visto que é necessária uma "despesa de energia" para manter essa inibição, o prazer da atividade chistosa, nesse caso, viria do "alívio da compulsão crítica" (MENDES, 2008, p. 122-124).

A centralidade da forma poética colocada em prática nesta tradução, por conseguinte, consegue resgatar técnicas verbais chistosas que somadas aos abusos e quiproquós das divindades em cena desarmam o mais sisudo leitor hodierno, mais um trunfo desse eficiente tradutor-anfitrião. Sim, eu disse, tradutor-anfitrião e encerro este prefácio com uma saída, senão nova (já que estou imitando neste momento o meta-texto de Mercúrio do Prólogo e sobrescrevendo-me em uma ideia de Lima-Derrida que logo será esclarecida), talvez útil ao leitor que está prestes a se divertir com a tradução.

Leandro Dorval Cardoso se revela, ao fim e ao cabo, um estupendo anfitrião do *Amphitruo*. Ao recebê-lo na casa vernácula em que habitamos nós todos lusófonos, percebemos a desmedida mesura de manter seu hóspede à vontade, comportando-se em consonância a seus próprios usos e costumes,[5] de um tal modo que nenhum outro antes tenha feito. Inevitavelmente, como ocorre a todo estrangeiro que recebemos, nossa cultura e hábitos, por vezes, impõem-se, de modo mais ou menos sutil. Mas são sempre as despesas de câmbio nesta economia geral que, às partes envolvidas, revelou-se-me indizivelmente prazerosa. O leitor prepare-se para ler (e, quiçá um dia, ouvir-e-ver) um bem-sucedido encontro, em algum lugar da língua pura benjaminiana, e a instauração de uma amizade sólida entre Titus Macius Plautus e este seu novíssimo *Anfitrião*.

Brunno V. G. Vieira
UNESP-Araraquara

Notas

[1] *Visum esse nonnullis Platonis et Democriti locutionem [...] potius poema putandum quam comicorum poetarum apud quos, nisi quod uersiculi sunt, nihil est aliud cotidiani dissimile sermonis.* [As traduções constantes neste prefácio são de minha autoria, a não ser quando declarada a fonte.]

[2] *Nec tamen id est poetae maxumum, etsi est eo laudabilior quod uirtutes oratoris persequitur, cum versu sit astrictior.*

[2] Cic. *Or.* 68: *nonnullorum uoluntate uocibus magis quam rebus inseruiunt,* "os poetas, segundo o desejo de não poucos críticos, sujeitam-se aos sons das palavras, mais que aos assuntos". Vale a pena transcrever a tradução espanhola de Salor: "*la poesia es esclava de la forma más que del contenido*".

[4] A brevidade é própria do poético, seja contemporaneamente no dizer de Pound ("*Dichten* = *condensare.* Começo com a poesia porque é a mais condensada forma de expressão verbal" [POUND, 1970. p. 40]), seja na *Arte Poética* romana (Hor., *Ars* 335-7: *quidquid praecipies, esto breuis, ut cito dicta/ percipiant animi dociles teneantque fideles: /omne superuacuum pleno de pectore manat.* "Se algo ensinas, sê breve, e que concisos ditos/ a mente atenta aceite e, fiel, os retenha:/ tudo o que é vão escapa a um coração já pleno").

[5] "A tradução mostra o jogo de forças entre hóspede e anfitrião, entre um texto e outro, mas, ao mesmo tempo, é a melhor ocasião para a ocorrência da fusão, da afinidade entre as línguas, sobretudo daquilo que possuem de mais singular. Ser hospitaleiro, nesse sentido, é '*rendre, laisser, donner la parole à l'autre, c'est dire: vous avez lieu, ayez lieu, venez*'" (DERRIDA, 1993, p. 57) ('devolver, deixar, dar a palavra ao outro, é dizer: vós tendes lugar, tomai lugar, vinde' [1995, p. 40]) (LIMA, 2011).

Introdução

Vida e obra de Plauto

Muito pouco se sabe sobre a vida de Plauto, natural de Sarsina, cidade da Úmbria. São escassas as fontes em que se podem encontrar dados de sua biografia, geralmente reduzidas a um pequeno número de referências nas obras de autores como Cícero, Varrão ou Aulo Gélio, e sobre o pouco que se sabe, restam ainda algumas dúvidas. Até mesmo seu nome é motivo de disputa na crítica especializada. Comumente referido na Antiguidade como *T. Maccius Plautus*, em alguns manuscritos a partir da Idade Média seu nome passou a ser registrado como *M. Accius Plautus*, e somente com a descoberta do Palimpsesto Ambrosiano em 1815, que foi datado do século IV ou V de nossa era, foi possível resolver a questão, uma vez que em suas páginas estava registrada a forma genitiva *T. Macci Plauti*, atestando-se assim o registro *M. Accius Plautus* como um erro cometido nos manuscritos posteriores, muito provavelmente oriundo de uma separação incorreta do nome *Maccius*. Mas não é essa a única controvérsia com relação ao nome completo do autor, já que tanto o próprio *Maccius* como também o cognome *Plautus* são alvo de diferentes interpretações.

Duckworth (1994, p. 50), por exemplo, a partir da grafia *Maccus* encontrada na peça *Asinaria* (v. 11: *Demophilus scripsit, Maccus uortit barbabare* – "Demófilo a escreveu, Mácio a verteu ao bárbaro"), alega que, embora a forma possa ser encarada como mera brincadeira fundamentada na semelhança entre o nome e a palavra latina para "palhaço", ela sugere uma provável atividade de Plauto como *maccus* nas atelanas, um tipo de performance dramática comum na Península Itálica, em que os atores utilizavam sempre as mesmas máscaras, dando vida a *personas* específicas: a saber, o *maccus* ("palhaço, bobo"), o *bucco* ("falador"), o *manducus* ("comilão"), o *samnio*, uma espécie de arlequim, e o *pappus* ("velho"). Para Friedrich Leo (1895), por sua vez, seria muito difícil que, no século III a.C., Plauto tivesse três nomes, um sistema onomástico adotado à época somente pelos nobres. É provável, então, que seu nome fosse composto apenas pelo prenome *Tito* e pelo cognome úmbrio *Plotus*, cuja forma latinizada é *Plautus* e que, de acordo com Sexto Pompeu Festo (*Fest.*, 238.31 ss), significa "pé chato". Outros críticos, como Beare (1964), atribuem a *Plautus* uma origem vinculada aos mimos, um tipo de espetáculo teatral popular e bastante comum na época de Plauto. De acordo com essa interpretação, o cognome poderia ser uma referência ou mesmo um termo alternativo para a palavra latina *planipes* (de *planus pes*, "pé liso, plano"), com a qual eram designados os atores de mimos, os quais performavam seus personagens com os pés descalços.

Se até mesmo a origem e a forma de seu nome nos escapam, sua biografia não padece de outra sorte, e são escassas as informações precisas sobre sua vida tanto no que diz respeito à carreira e às datas de composição das peças como ao seu nascimento e morte. Para o estabelecimento de uma data para o nascimento e para a morte de Plauto, a crítica se fundamenta em duas passagens das obras *Brutus* e *De Senectute*, de Marco Túlio Cícero, bem como em informações presentes principalmente na didascália de *Pseudolus*, uma comédia do próprio Plauto. Em *Brutus* (15.60), Cícero refere-se a Névio, outro dos comediógrafos romanos e mais velho do que Plauto, dizendo que ele teria morrido durante o consulado Marco Cornélio Cetego e Públio Semprônio Tuditano, isto é, no ano 204 a.C., e que Plauto foi a óbito vinte anos depois, durante o consulado de Públio Cláudio Pulcro e Lúcio Pórcio Licino – no ano 184 a.C., portanto. Em *De Senectute* (14.50), o autor diz que, já um *senex*, Plauto teve grande deleite com as apresentações de suas peças *Pseudolus*, em 191 a.C., e *Truculentus*, provavelmente encenada em 190/189 a.C.[1] A questão é que, para ser caracterizado com um *senex*, Plauto deveria ter no mínimo sessenta anos quando deleitou-se com seus textos no palco, com o que se pode considerar, então, o ano 251 a.C. como o de seu nascimento, uma data suposta mas comumente aceita pela crítica.

No que diz respeito à sua biografia, Aulo Gélio, um erudito latino do século II de nossa era, refere-se a uma anedota curiosa e que teria sido transmitida por Marco Terêncio Varrão, um erudito romano do século I a.C. De acordo com Gélio (*Gel.*, 3.3.14), após ter perdido em transações comerciais marítimas todo o dinheiro que havia ganhado com o teatro (com o *artificium scaenicorum*), Plauto teria oferecido seu trabalho a um padeiro, que o colocou para trabalhar nas *trusatiles*, uma espécie de mó que era acionada por força braçal. Durante o tempo em que se dedicou a esse serviço, Plauto teria escrito três peças: *Saturio*, *Addictus* e outra de nome desconhecido. São muitas, porém, as oposições feitas a essa história: Friedrich Leo (1895), por exemplo, defende que esse tipo de anedota faz parte dos tópicos presentes no discurso biográfico comum na Antiguidade, e que ela pode ter sido desenvolvida à semelhança dos revezes que costumam ocorrer com personagens da Comédia Nova e da Comédia Romana, cuja sorte muda rapidamente durante uma viagem para o estrangeiro, por exemplo, e geralmente sem muitas explicações. Paul Lejay (1925), por outro lado, alega que "girar a mó" seria uma expressão proverbial na época de Aulo Gélio, não podendo, então, ser interpretada ao pé da letra.

Sobre as obras, é sabido que, durante muito tempo, várias comédias (cerca de 130) circularam com o nome de Plauto, um fato provavelmente devido ao seu sucesso como comediógrafo, uma forma de auferir garantia de qualidade às produções, portanto, ou, também de acordo com Aulo Gélio (3.3.10), a uma confusão com o nome de outro comediógrafo, um certo Plaucio (*Plautius*), cujo nome em sua forma genitiva, *Plaut(i)i* ("de Pláucio"), coincidia com a forma genitiva do nome de Plauto, *Plauti* ("de Plauto"). Por isso, então, uma vez que a forma genitiva do nome do autor costumava ser indicada logo após o título da obra, foi bastante fácil confundir Plaucio com Plauto. Foi Varrão, já no século I a.C., quem, pautando-se "nos engenhos dos costumes e da língua" (*Gel.*, 3.3.1) de Plauto, selecionou entre essas as que seriam, sem dúvidas, plautinas. As 21 comédias às quais Varrão atribuiu autoria inquestionável, chamadas de "varronianas", constituem até hoje o cânone de Plauto. São elas (em ordem alfabética): *Amphitruo* (*Anfitrião*), *Asinaria* (*Comédia dos burros*), *Aulularia* (*Comédia da panela*), *Bacchides* (*As bacantes*), *Captiui* (*Os cativos*), *Casina* (*Cásina*), *Cistellaria* (*Comédia da cestinha*), *Curculio* (*O gorgulho*), *Epiducus* (*Epídico*), *Menaechmi* (*Os Menecmos*), *Mercator* (*O mercador*), *Miles Gloriosus* (*O soldado fanfarrão*), *Mostellaria* (*Comédia do fantasma*), *Persa* (*Os persas*), *Poenullus* (*O cartaginês*), *Pseudollus* (*Psêudolo*), *Rudens* (*A corda*), *Stichus* (*Estico*), *Trinummus* (*Três moedas*), *Truculentus* (*Truculento*) e *Vidularia* (*Comédia do baú*) – esta última em estado fragmentário.

De todas as 21 peças da lista, porém, somente duas podem ser datadas com algum grau de precisão: conforme revelam suas didascálias, *Stichus* foi apresentada ao público em 200 a.C., e *Pseudolus*, em 191 a.C. Todas as outras datas são estabelecidas ou a partir de referências históricas presentes nos textos das obras, ou de comentários feitos por outros autores. O método histórico, porém, é o mais produtivo, ainda que não deixe antever uma data específica, mas sim um limite para a produção do texto. Nos versos 211-212 do *Miles Gloriosus* (*nam os columnatum poetae esse indaudivi barbaro, / cui bini custodes semper totis horis occubant* – "pois de um bárbaro ouvi que o rosto do poeta foi posto em uma coluna[2] / aos pés da qual dois guardas zelam o tempo inteiro"), por exemplo, é comum que se vislumbre uma referência a Névio, preso por causa de sátiras políticas feitas em suas peças; uma vez que sua prisão teria ocorrido em 206 a.C., a peça não pode ser, então, anterior a essa data, mas deve ser contemporânea ao fato para que ele fosse rapidamente reconhecido pelo público. Com base nisso, *Miles Gloriosus* costuma ser datada de 205 a.C. – talvez seja posterior, mas dificilmente será anterior. Na *Cistellaria*, há uma referência provável à II Guerra Púnica, travada entre os anos 218-202 a.C., o que estabeleceria o ano final da batalha como o limite para a referência. Além do mais, ambas as peças são estruturalmente semelhantes e, quando comparadas às outras produções de Plauto, revelam, ainda incipientes, alguns dos principais traços do autor, como o trabalho cuidadoso e abundante com versos líricos. Sendo assim, são geralmente colocadas no conjunto de suas primeiras obras.

Duas outras peças têm datação estimada a partir de referências históricas: *Asinaria* e *Casina*. Na primeira, há uma possível referência a Públio Cornélio Cipião Africano, que, ocupando a função de edil em 212 a.C., pode ter sido o responsável pelo financiamento para a produção da peça nesse mesmo ano (*As.*, v. 123-124: *nam ego illud argentum tam paratum filio / scio esse quam me hunc scipionem contui[3]* – "pois eu sei que esse dinheiro está tão disponível para o meu filho / quanto eu posso enxergar este bastão"). Além disso, a presença tímida de versos líricos na peça contribui para uma datação mais tardia. Em *Casina*, por sua vez, é uma referência ao Decreto Senatorial sobre as Bacanais, o *Senatus Consultum Bacchanalibus*, publicado em 186 a.C. para proibir a realização das festas em honra a Baco, que estabelece o limite histórico para a produção da obra (*Cas.*, v. 979/980: [...] *nugatur sciens, / nam ecastor nunc Bacchae nullae ludunt* – "ele sabe que se engana, / pois, por Castor!, nenhuma Bacante está celebrando agora"); fora isso, a intensa presença de versos líricos (DUCKWORTH, 1994, p. 54 ss) na composição faz com que ela possa ser vista como uma das últimas peças de Plauto. Ainda sobre a datação das peças, há pouca concordância entre os críticos, uma vez que algumas das referências históricas subentendidas por um determinado autor são questionadas ou mesmo interpretadas de uma maneira diversa por outro. Ainda assim, Duckworth (1994, p. 54 ss) apresenta uma classificação das obras de Plauto por períodos, reproduzida a seguir, estabelecida com base nas concordâncias mais comuns dentro da tradição da crítica especializada (sobre as obras que não constam na lista, não há concordâncias ou estimativas):

- Período inicial: *Asinaria, Mercator, Miles Gloriosus* (c. 205 a.C.), *Cistelaria* (c. 201).
- Período intermediário: *Stichus* (201 a.C.), *Aulularia* e *Curculio*.
- Período final: *Pseudolus* (191 a.C.), *Bacchides* e *Casina* (c. 185 a.C.).

Plauto e a *palliata*

> *Graecia capta ferum victorem cepit et artes /*
> *intulit agresti Latio.* (HORÁCIO, *Epístolas*, 2.1.156-7)
> "A Grécia, capturada, capturou o conquistador selvagem
> e as artes / introduziu no agreste Lácio."

Em 240 a.C., Lívio Andronico, um escravo grego trazido para Roma de Tarento, na Apúlia, foi contratado pelos edis responsáveis pelos *Ludi Romani* (Jogos Romanos), um festival religioso público em honra a Júpiter, para que traduzisse do grego uma peça teatral que seria apresentada durante a festividade. À época de Andronico, os *Ludi Romani* não eram realizados anualmente, embora fizessem parte do calendário romano, mas, normalmente associados à celebração de triunfos militares, o primeiro aniversário de término da Primeira Guerra Púnica (264-241 a.C.)[4] foi o motivo de sua execução no ano 240 a.C. O empenho delegado a Andronico, por sua vez, a *tradução* de uma peça grega para uma audiência latina possivelmente, em sua grande maioria, não letrada, longe de ser um mero detalhe no início da formação de uma literatura nacional, é um fato que, sem dúvidas, acabou marcando profundamente não só o desenvolvimento da literatura dos romanos, mas também toda a sua evolução.

Os séculos IV e III a.C. foram um momento significativo na história do povo romano, pois durante esse tempo Roma foi ganhando cada vez mais importância como a principal cidade da Península Itálica, firmando assim o seu nome e concretando as bases de sua cultura literária.[5] À época de Andronico, por exemplo, no início da Primeira Guerra Púnica, a influência da República já se estendia sobre toda a Itália, cujos povos ela havia agregado a seu favor, seja os conquistando, seja estabelecendo alianças políticas e militares. Nesse cenário, então, Roma entrou em contato com diferentes culturas, sendo menos ou mais influenciada por muitas delas. Sem dúvidas, porém, nenhuma influência foi maior do que a exercida pela cultura grega, já bastante desenvolvida nesse período – basta lembrarmos que, em meados do século III a.C., as obras da maioria dos mais clássicos escritores gregos (poetas ou filósofos) já haviam sido canonizadas em seu repertório cultural. Com sua influência sobre os povos vizinhos crescendo, faltava aos romanos, contudo, uma cultura erudita própria que pudesse não somente equipará-los aos povos culturalmente mais desenvolvidos, mas também demonstrar sua força e vigor nesse outro campo. Nos fins de 270 a.C., com a conquista da Magna Grécia após a morte de Pirro, Rei de Épiro (318-272 a.C.), e nomeadamente com a tomada de Tarento, a principal cidade da Magna Grécia, os romanos sacramentaram sua relação com a cultura grega, um contato que deixaria marcas agudas e eternas na cultura erudita da então República.[6]

Não sabemos se a peça escolhida por Andronico, naqueles *Ludi Romani*, foi uma tragédia ou uma comédia, e talvez possam ter sido uma de cada, mas uma coisa é certa: a dimensão tradutória presente nesse encargo acabou se consolidando como o traço fundamental das primeiras produções dramatúrgicas latinas, especialmente nas comédias, gênero esse que, a contar pela quantia em que nos chegou em comparação com o de tragédias da mesma época que sobreviveram até os nossos dias, teve bastante sucesso no período intermediário da República Romana. A origem grega da Comédia Romana, por exemplo, ou ao menos do tipo de Comédia Romana que nos restou, se manifesta já no nome desse tipo de drama: conhecida na Antiguidade como *commedia palliata*. Tal produção, que chegará ao seu auge com Plauto e Terêncio, é caracterizada, então, como a comédia apresentada com o pálio, vestimenta típica dos gregos e utilizada pela maioria dos personagens nas encenações. Não é só isso, porém: para ser uma *palliata*, a trama deveria se passar na Grécia, os personagens deveriam manter seus nomes gregos, assim como o deveriam ser as referências culturais – embora, nisso, seja possível identificar a presença ou ao menos a intromissão da cultura romana. Além do mais, era comum que os prólogos revelassem ao público o autor e/ou a peça grega que deram origem à *palliata* que seria apresentada.

A principal fonte para os autores desde Andronico até Terêncio foi a Comédia Nova grega, uma forma de drama altamente codificada, com personagens típicos e situações-problema recorrentes e produzidas a partir do século IV em Atenas. Bastante diferente da Comédia Antiga, cujo expoente é Aristófanes (c. 447-c. 385 a.C.), a νέα, termo pelo qual é designada em grego, chegou-nos somente em exemplares do comedió-grafo Menandro (c. 342-c. 291 a.C.), embora nomes de outros autores e obras nos sejam conhecidos. Estruturalmente bastante diversa do cânone aristofânico, as comédias de Menandro se distinguem também pela temática: se outrora era a situação política da *pólis* e o comportamento de seus cidadãos que preocupavam Aristófanes, seu sucessor desenvolve tramas que muito pouco ou nada têm a ver com o bem-estar da cidade, as quais giram em torno de problemas pessoais um tanto pueris, de uma classe média bastante característica do período. Os enredos quase sempre envolvem um jovem apaixonado que enfrenta uma série de dificulda-des, muitas vezes relacionadas ao dinheiro, para conquistar sua amada, e/ou enganos e desentendimentos causados pelo desconhecimento da real identidade de um personagem − um filho ou uma filha perdidos quando crianças e que, por obra do acaso, reencontram seus parentes. Há, então, com relação à Comédia Antiga, uma mudança na esfera de ação dos personagens, já que passamos da preocupação com o público à preocupação com o privado, com o familiar. Em Menandro, ainda, pode-se dizer que todos os acontecimentos mais relevantes do enredo concorrem para o restabelecimento de um *status quo* posto em xeque pela paixão, pela ignorância e/ou pelo engano.[7]

Sobre os enredos das primeiras *palliatae*, há muito pouco que possa ser dito, pois muito pouco nos sobrou: sabemos o nome de apenas três comédias de Andronico, por exemplo, das quais nos restaram somente seis versos, quase todos em estado fragmentário. De Névio, um de seus sucessores e o primeiro comediógrafo romano nativo, sabemos de trinta comédias, que nos chegaram em cerca de 130 versos, alguns em fragmentos. É possível levantar, ainda, algumas das peças gregas que serviram de base para ambos; mesmo assim, ao menos para que discu-tamos seus enredos, dispomos de material escasso, uma vez que dessas peças gregas só conhecemos os títulos, na maioria dos casos. Por isso, em um movimento de generalização afim ao praticado com relação à Comédia Nova grega, resta-nos tomar como exemplares dentro dessa tradição os dramas de Plauto e Terêncio, que somam 26 peças (vinte de Plauto e seis de Terêncio) completas ou com lacunas que não chegam a atrapalhar o desenvolvimento do enredo, e uma última peça de Plauto, esta bastante fragmentada (*Vidullaria*). E mesmo com um número provavelmente pouco representativo do que pode ter sido escrito dentro dos moldes da *palliata*, é possível perceber algumas mudanças bastante significativas, se não no que diz respeito aos enredos das peças, ao menos no que tange à exploração do potencial cômico das situações que os caracterizam – nomeadamente em se tratando de Plauto.[8]

Seus enredos constroem-se de maneira muito semelhante aos de Menandro, uma vez que os agentes complicadores das tramas, isto é, os elementos que criam o problema que move a ação dos personagens pela história continuam girando em torno das dificuldades que um jovem apaixonado tem para conquistar o amor da sua amada, das artimanhas de um escravo que o deverá ajudar e de enganos e desentendimentos causados pelo desconhecimento da real identidade de um personagem. Contudo, se em Menandro esses agentes e seus desdobramentos estavam subordinados ao reestabelecimento de um *status quo*, sendo, sim, responsáveis pela maior parte da comicidade nas peças, mas quase sempre explorados somente na medida em que seu potencial cômico não atrapalhasse o agir dos personagens em direção à resolução, em Plauto a situação muda um pouco de perspectiva. Nas suas peças, há uma tendência bastante forte de aproveitar a comicidade das situações criadas sem que a resolução do enredo seja tomada por medida. Ou seja, Plauto não se furta a demorar-se sobre uma cena, por exemplo, extraindo tudo o que nela há de cômico ainda que ela nada ou muito pouco interfira no desfecho da trama ou no desencadeamento de seu(s) agente(s) complicador(es). Isso não significa, contudo, que suas tramas sejam mais frouxas; mas sua preocupação parece ter sido aproveitar ao máximo os elementos virtualmente cômicos antes de dar desfecho aos seus enredos.[9]

Centralizar o foco nas complicações para delas extrair o máximo de comicidade acabou levando o poeta ao desenvolvimento não só de cenas e situações, mas também de personagens-tipo, destacando suas características de acordo com a situação em questão: para que um jovem apaixonado concorde com o plano de conquista absurdo arquitetado por um escravo, por exemplo, sua ingenuidade e a força de sua paixão precisam ser exageradas, pois, quanto mais deslumbrado estiver, menos se preocupará com os meios pelos quais conquistará sua paixão. Para Duckworth (1994, p. 321), uma percepção aguçada dos efeitos cômicos e o desejo sempre presente de despertar o riso levaram Plauto a um método de desenvolvimento de personagens e situações muito próximo aos de futuras formas dramáticas como a comédia musical, a farsa e o *vaudeville*. Mediante o exagero cômico, ele teria conseguido grande apelo junto ao público, criando situações recorrentes nas peças, como as do escravo portador de uma mensagem, por exemplo, que está sempre correndo e pedindo que todos abram-lhe caminho, ou cenas de espancamento, de jovens apaixonados que perdem a razão por causa do amor, de festas e bebedeiras, etc. De onde Plauto teria tirado recursos como esses é uma questão que tem preocupado a crítica, e, embora seja difícil de afirmar ao certo, parece haver um consenso de que formas cômicas nativas pré-literárias, como os Fesceninos e as Sátiras, teriam construído o gosto dos romanos para a comédia, sendo, portanto, uma fonte importante para os dramaturgos latinos.

Sobre esse trabalho com as convenções, Florence Dupont e Pierre Letessier, que consideram a codificação dos personagens em personagens-tipo mais do que simples característica da comédia, sendo mesmo uma de suas condições, dizem:

> O prazer de um espetáculo codificado repousa em um duplo prazer, o do reconhecimento e o da surpresa. O público gosta de reconhecer aquilo que está de acordo com o código, mas também gosta de ser surpreendido e espera pelo inesperado, isto é, pela variação. O papel [aquele do personagem-tipo] traz consigo todas essas promessas (DUPONT, LETESSIER, 2012, p. 107).

Tal como na tragédia grega, o prazer da *palliata* não está somente na história que ela conta, mas principalmente em como essa história acontece. Todos sabem que, ao final do espetáculo, os problemas que surgiram e as confusões que se desenvolveram serão resolvidos da melhor maneira possível para todos os personagens – tanto é que, ao menos em Plauto, grande parte do enredo é comumente revelada já no prólogo. O reconhecimento e a surpresa resultam, pois, da maneira pela qual o poeta constrói esse enredo com um final já esperado pela manipulação dos códigos da comédia. Com isso, a *palliata* é cada vez mais um mundo dependente apenas de suas próprias regras – ou, em outras palavras, um espetáculo codificado não exatamente por regras, mas por variáveis mais ou menos constantes, suscetíveis a modificações.

Uma das consequências da exploração dessas inúmeras variáveis está no discurso metateatral que se pode perceber principalmente em Plauto, mas que não deixa de estar presente no todo que temos da *palliata*. Quando se pensa especificamente nisso, pode-se dizer que a metateatralidade é mais do que uma simples quebra da ilusão dramática: para Moore (1998b), por exemplo, a metateatralidade é a forma pela qual Plauto manipula a relação entre ator e público, provocando o riso pela quebra da ilusão dramática e pela teatralização do código da Comédia Romana, sempre jogando com a ambiguidade do teatro, fazendo com que o público esqueça que está num teatro, para logo depois, percebendo que a própria encenação tornou-se uma questão durante a atuação dos personagens, lembrá-lo de que a ação se passa sobre um palco. De acordo com o autor:

> A qualquer momento da performance, os atores podem encorajar o esquecimento da crença do público ignorando a plateia e reforçando a pretensão de que suas palavras e suas ações são "reais", ao invés de serem uma performance; ou eles podem encorajar a consciência sobre a performance dirigindo-se diretamente ao público ou referindo-se explícita ou implicitamente à sua própria condição de ator (MOORE, 1998b, p. 1-2).

Ao manipular a relação entre ator e público inserindo referências constantes que nunca deixam a audiência esquecer a teatralidade daquilo que vê, Plauto acaba colocando em cena o próprio teatro, e transformando isso em um recurso cômico importante dentro de suas peças. É por meio de uma autoconsciência teatral e de sua explicitação que a metateatralidade se manifesta, e Plauto não se constrangeu em levar esse jogo em conta. A metateatralidade é, assim, antes de qualquer coisa, um componente do código da *palliata*, pois o próprio microcosmo da Comédia Romana e seu funcionamento parecem prever a referência metateatral.

O mundo criado pelos poetas cômicos não é mais somente uma representação de conflitos interpessoais que, se não podem ser inteiramente verificáveis no mundo, são ao menos passíveis de suposição; esse mundo, então, não é apenas uma imagem da sociedade ateniense e, por vezes, de outras cidades do mundo helênico e helenístico, mas também e talvez principalmente, outra realidade que se abre à nossa percepção e experiência. A Comédia Romana constitui-se como um mundo criado pela linguagem e na linguagem, um mundo que respeita um conjunto de regras, ou de variáveis menos ou mais constantes, e que se conforma a partir delas: perceber esse mundo é perceber o arranjo dado a ele pelos poetas por meio da manipulação criativa da linguagem, portanto. Com isso, os procedimentos que tornaram a *palliata* uma tradição *per se* acabam assumindo também o papel de constituintes desse mundo, diferindo-o, por exemplo, do mundo em que atuam os personagens das comédias gregas que serviram de originais aos poetas romanos do período. E, nesse conjunto de variáveis de constância relativa, há outro elemento bastante importante e característico da Comédia Romana, que é o uso de estrofes compostas em versos específicos como uma forma de estruturação da performance e da relação entre autor/ator e audiência.

As estruturas musicais da *palliata*

Muito provavelmente, a presença da música e o aproveitamento da métrica como ferramenta dramática e estrutural das peças seja o traço mais peculiar da *palliata* em comparação com a Comédia Nova grega. Escritos predominantemente em trímetros jâmbicos com algumas ocorrências de tetrâmetros trocaicos, os textos de Menandro não apresentam uma estrutura métrica que se vincule à ação dramática conforme ocorre na Comédia Romana, também não sendo possível vislumbrar especializações afetivas ou de situação devido à variedade de contextos em que os metros são empregados. Além dessa diferença na incorporação dramática das estruturas rítmicas, a Comédia Latina conta ainda com a reintrodução do elemento musical no drama, bem como com a utilização de metros baseados em pés incomuns à Comédia Nova grega.

Embora não nos tenham sobrado notações que possam criar imagens bem delineadas de músicas e melodias executadas durante as apresentações, há de se supor, especialmente a partir de diversos comentários menos ou mais contemporâneos de Plauto e Terêncio sobre as performances musicais das comédias,[10] que as medidas escolhidas exerciam algum tipo de influência sobre o elemento musical, havendo, portanto, uma relação bastante íntima entre os vários metros encontrados em uma única peça e a performance executada pelos atores.[11] Considerando-se, pois, esses dois fatores, o metro e a performance, Marshall (2006) divide os versos da Comédia Romana em dois grupos, um daqueles cuja execução, por parte do ator, era acompanhada por música, e o outro, daquele cuja execução prescindia do elemento musical: estes são comumente chamados *diuerbia*; aqueles, *cantica*. Dentro do grupo dos *cantica*, por sua vez, há uma subdivisão dos versos baseada na relação entre a performance do ator e o acompanhamento musical: se a execução do ator aproxima-se da recitação meramente acompanhada de música, estamos na presença de versos *recitativos*; se a relação entre a execução do ator e a do flautista acaba dando ares de canção à apresentação, os versos são os *mutatis modis cantica* ("canções em ritmos diferentes"), que muito provavelmente seriam acompanhados também de dança.

Há de se destacar, além do mais, que os *cantica* prevalecem sobre os *diuerbia*, o que acaba tornando a *palliata* um tipo de drama acima de tudo musical. Partindo dessa constatação, Moore (2012) alega que os versos recitativos, os que mais ocorrem nos textos de Plauto e Terêncio, são o padrão da Comédia Romana, dos quais o septenário trocaico é o mais utilizado pelos comediógrafos, chegando a ser, de acordo com o autor, o verso fundamental da métrica da *palliata*, ou seja, o verso não marcado, aquele a partir do qual serão construídos os outros metros. Dada a importância do elemento musical na execução desses versos, porém, a forma pela qual Moore os considera não se restringe à sucessão de longas e breves que os caracteriza, mas baseia-se principalmente em unidades de tempo. Os versos são, assim, divididos em posições que podem ser ocupadas: (1) por duas unidades de tempo, representado por "L" (i.e., uma sílaba longa ou duas breves); (2) por uma ou duas unidades de tempo, representados por "X" (i.e., uma sílaba breve, uma longa ou duas breves); (3) por uma única unidade de tempo, representado por "s" (i.e., uma única sílaba breve); (4) por uma única unidade de tempo, ou por duas, desde que sejam uma única sílaba (i.e., uma única breve ou uma única longa), representada por "q". Em se tratando do septenário trocaico, tomemos como exemplo o verso 264 do *Anfitrião* (*neque ego huc hominem hodie ad aedis has sinam umquam accedere* – "nunca que eu deixo o homem entrar nesta casa ainda hoje") para termos uma ideia de como funciona a escansão proposta por Moore:

1	2	3	4	5	6	7	8		9	10	11	12	13	14	15
L	X	L	X	L	X	L	X		L	X	L	X	L	s	q
ne	qu(e) e	go	huc	ho	mi	nem	ho	di	(e) ad	ae	dis	‖	has	si	na(m) um	qua(m) ac	ce	de	re
˘	˘	–	˘	˘	˘	˘	˘	–	–	–		–	˘	–	–	˘	˘

O septenário trocaico romano sempre terá, nesse esquema, 15 posições que poderão ser ocupadas por diferentes padrões de unidades de tempo (L, X, s e q) dispostas de maneira específica. Considerando-se especificamente o aspecto musical que a performance desses versos pressupõe, pensar cada um de seus elementos a partir de sua dimensão temporal faz bastante sentido, e põe em evidência a importância que cada um dos elementos tem para a composição rítmica do verso. Ainda de acordo com Moore (2012, p. 162-163), o flautista responsável pela execução musical das peças era o grande responsável por marcar as unidades rítmicas do metro acentuando melodicamente seus elementos fortes (as posições L), que são justamente os que abrem os pés do verso ou dos *metra*.[12] A consequência mais interessante dessa forma de abordar o ritmo acaba sendo, então, a valorização da música como a maior responsável pela caracterização rítmica, o que demonstra a sua relação não somente com a performance dos atores, mas também com a percepção do público, que dependeria muito mais das marcações do flautista para a percepção das diferentes unidades rítmicas do que do ator ou do texto *per se*. Moore aponta, ademais, certa hierarquia na relação entre verso, execução e música, entendendo o texto conforme estabelecido pelo autor como uma partitura a partir da qual o ator construirá sua performance e o músico, a sua melodia, ressaltando-se assim a condição basilar do metro, e também a existência de outros sistemas (interpretação e música) que se constroem com e a partir dele:

O cenário mais provável para o aspecto rítmico do septenário trocaico da comédia, portanto, é o seguinte: o ator/cantor segue as quantidades silábicas fornecidas pelo poeta, regularizando-as em uma relação de uma sílaba longa para duas breves. O flautista reforça o padrão rítmico fornecido por essas quantidades enfatizando os elementos fortes de cada pé com uma ênfase um pouco maior dada a cada outro elemento forte (a abertura de cada *metrum*). Juntos, flautista e cantor ajustam o tempo, e o cantor às vezes introduz pausas de expressividade. No fim dos versos, e talvez nos *loci Jacobsohniani*,[13] eles fazem pequenos ajustes na quantidade das sílabas do poeta e/ou adicionam uma ao fim; mas é pouco provável que alterassem muitas vezes a quantidade relativa das sílabas longas e breves, ou que deixassem os pés todos com a mesma duração. No septenário trocaico, a quantidade relativa de um pé varia conforme o poeta o tenha construído com três ou quatro unidades de tempo, exceto no final do verso, onde sempre há um pé de três unidades de tempo seguido por uma única sílaba (MOORE, 2012, p. 170).

Esse tipo de relação também se aplica aos outros versos da comédia, como o senário jâmbico, ao qual se resumem os *diuerbia*, e o octonário jâmbico, um recitativo bastante utilizado por Plauto no *Anfitrião*. Tomando o septenário trocaico como a base da metrificação da *palliata*, é possível entender esses dois outros versos como o resultado de acréscimos, retiradas e remanejamento dos mesmos padrões de unidades de tempo com os quais se constroem aqueles. Assim, senários e octonários jâmbicos podem ser respectivamente estruturados como se segue:

Senário jâmbico – ia6												
Pé	**1**		**2**		**3**		**4**		**5**		**6**	
Unidade de Tempo	X	L	X	L	X	‖	L	X	L	X	L	s	q
Elemento	1	2	3	4	5		6	7	8	9	10	11	12

Octonário jâmbico – ia8																
Pé	**1**		**2**		**3**		**4**			**5**		**6**		**7**		**8**	
Unidade de Tempo	X	L	X	L	X	L	s	q	‖	X	L	X	L	X	L	s	q
Elemento	1	2	3	4	5	6	7	8		9	10	11	12	13	14	15	16

Se considerarmos a estrutura do septenário trocaico como nosso padrão e estabelecermos sua cesura como ponto de partida para a comparação, podemos ver que o senário jâmbico se configura a partir da simples eliminação dos primeiros três elementos do septenário trocaico:

Septenário trocaico – tr7																
Pé	**1**		**2**		**3**		**4**			**5**		**6**		**7**		**½**	
Unidade de Tempo	L	X	L	X	L	X	L	X	‖	L	X	L	X	L	s	q
Elemento	1	2	3	4	5	6	7	8		9	10	11	12	13	14	15

Seus elementos, então, são exatamente os mesmos, mas a eliminação da sequência LXL inicial do septenário acaba dando ao senário jâmbico outra configuração, já que esse verso, assim como os pés que o compõem, nunca começará por um elemento forte, e sim por um não marcado. Além do mais, a ausência de acompanhamento musical que caracteriza sua performance o opõe ainda mais aos septenários trocaicos, fazendo com que não somente sua execução por parte do ator seja diferente, mas também e principalmente a sua percepção por parte dos espectadores. Fazendo o mesmo com o octonário jâmbico, é possível ver que ele se constitui de dois hemistíquios idênticos à sequência encontrada entre o terceiro e o sexto pé do senário (elementos 5 a 12), com a exceção da cesura, que se dará entre o oitavo e o nono elementos. Como sua execução se dá com o acompanhamento musical, diferencia-se do senário jâmbico principalmente por isso; dos septenários, diferencia-se por se construir com uma sequência rítmica jâmbica (XL), e não trocaica (LX).

Octonário jâmbico – ia8																
1		2		3		4			5		6		7		8	
X	L	X	L	X	L	s	q	‖	X	L	X	L	X	L	s	q
1	2	3	4	5	6	7	8		9	10	11	12	13	14	15	16

Não é, porém, somente do ponto de vista do ritmo e da relação com o elemento musical que esses versos se diferenciam uns dos outros. Os contextos afetivos em que costumam ser empregados também são relevantes para entendermos a dinâmica entre enredo, verso e música, bem como a relação entre o público e a peça, moldada por esse aspecto dos textos. Ainda que seja difícil derivar regras gerais que vinculem determinado tipo de texto a uma situação específica do enredo, é possível ver algumas recorrências que podem ser utilizadas para apontar uma especialização contextual e/ou afetiva dessas estruturas, ainda que relativa. Hunter (2010, p. 69-71) aponta algumas delas, afirmando que narrativas relacionadas diretamente ao enredo, prólogos expositivos e cenas com enredo ou lógica mais complexa, como as de reconhecimento, tendem a ser escritas em senários jâmbicos. Com respeito aos *cantica*, diz que são utilizados como marca de exaltação emocional, momento em que os diferentes pés vinculam-se de maneira mais direta com o contexto afetivo, fazendo com que a canção não seja, ao menos em Plauto, mero ornamento, mas ferramenta dramática funcional (p. 71).

De acordo com Moore (1998a, p. 248), personagens mais sérios ou mesmo antipáticos, assim como passagens que apresentem informações relevantes para a compreensão do enredo, tendem a estar em *diuerbium*, e cenas que apresentem grandes emoções, intensa atividade dramática ou personagens mais divertidos tendem aos *cantica*. A partir disso, observando alguns padrões no uso dos *diuerbia* e dos *cantica*, Moore ainda ressalta três maneiras pelas quais a alternância entre um e outro contribui para a estruturação das peças: o enquadramento, o paralelismo e a delimitação de unidades de ação.

Ao uso de passagens em *cantica* antes e depois de um trecho em senários jâmbicos, assim como de passagens em senários jâmbicos antes e depois de um trecho de *cantica*, Moore (1998a) dá o nome de enquadramento, por meio do que se distinguem momentos do enredo pela troca brusca da unidade métrica e pelo retorno à estrutura precedente não muito depois da primeira interrupção. Essa alternância, mesmo que não coincida com a troca de uma unidade de ação, que geralmente envolve a mudança da estrutura métrica, pode ser utilizada para distinguir informações relevantes ou afetos durante o desenrolar da trama. No que diz respeito ao paralelismo, o que se reforça é a similaridade ou o contraste de diferentes ações ou acontecimentos performados nas mesmas estruturas métricas. Para Marshall (2006), por sua vez, a métrica é uma unidade composicional importante nas comédias latinas porque apresenta relações muito íntimas com a performance e com a encenação em si. Sua abordagem, diferentemente daquela de Moore, não toma os *cantica* e os *diuerbia* como unidades independentes: para ele, as peças são estruturadas por "arcos" compostos por um *diuerbium*, com o qual o arco ascende, e um *canticum*, com o qual descende, necessariamente nessa ordem. Essa unidade estrutural métrica, uma vez que é composta por uma mudança no ritmo da fala, pela introdução do acompanhamento musical e também por uma alteração na performance do ator, seria mais perceptível ao público do que, por exemplo, a divisão em atos introduzida nos manuscritos da *palliata* posteriormente, sendo assim um padrão intrínseco por meio do qual a ação se desenvolve.

Tais arcos, as grandes unidades métricas das peças, aparecem na reflexão de Marshall (2006, p. 208) como os responsáveis por manter e renovar a relação entre público e peça, e a imprevisibilidade quanto à sua finalização e à ascensão de um novo, visto que não há uma quantidade fixa de arcos para as composições nem de versos para os arcos, cria certo suspense durante o espetáculo, mantendo a atenção do público. Dessa forma, portanto, essas estruturas não estão envolvidas somente com a ação da peça, encerrando unidades emocionais, narrativas e musicais diferentes, mas também com a percepção que o público tem da ação, mantendo o suspense sobre quando a peça se encerrará e sempre renovando o seu elo com o espetáculo, pois, a cada arco, a sua atenção é novamente exigida para que se perceba essa nova unidade. Sendo assim, a métrica não influiria somente no texto e na performance dos atores, mas também na percepção que o público tem da atração. Mais do que adereço, então, ela faz parte do espetáculo em diferentes níveis.

As canções, os *mutatis modis cantica* ("canções em ritmos diversos"), merecem ainda destaque por se conformarem como a mais peculiar das estruturas métricas da Comédia Latina, compostas em pés líricos estranhos à Comédia Nova,[14] além de acarretarem uma performance bastante específica com canto e dança. Sua aplicação, como bem destacaram Hunter, Moore e Marshall (acima), diz respeito a uma exaltação afetiva, a um exagero patético geralmente bastante apelativo do ponto de vista cômico, uma espécie de paródia trágica. Muito mais abundante em Plauto do que em Terêncio, as canções costumam ser compostas em medidas variadas e em pés líricos diversos, principalmente o báquico (u – –), o crético (– u –) e o anapesto (u u –). Versos trocaicos de medidas outras que não o septenário, assim como outros tipos de pés (jônios, trimélicos, coriambos, dátilos, etc.), também podem ser encontrados nas canções, especialmente aquelas plautinas, que costumam ser ou predominantemente monométricas, isto é, em que predomina um único pé, ou predominantemente polimétricas, em que predominam dois ou mais tipos de pé. No *Anfitrião*, conforme se verá a seguir, são quatro as canções, duas delas polimétricas e duas monométricas, nas quais predominam, em uma, o báquico, na outra, o crético.

Por fim, pode-se dizer que, quer contribua com a estruturação da peça em unidades de ação maiores, quer destaque certas passagens ou marque similaridades ou contrastes, quer sirva para reforçar afetos em contextos específicos, as unidades métricas são utilizadas pelos comediógrafos romanos como ferramentas dramáticas importantes em seus textos, e isso é completamente diferente daquilo que se pode encontrar na Comédia Nova precedente e mesmo bastante diferente do que ocorria em Aristófanes, por exemplo.[15] Dizer isso vai, porém, ressaltar sua importância textual, visto que a *palliata* não se resume aos textos escritos pelos poetas romanos tal como eles chegaram até nós, já que ela é, sem dúvidas, um espetáculo teatral, o resultado de um misto entre texto e representação. Nessas condições, escrever um texto que se destina à representação e dividi-lo em trechos falados, recitados e cantados não pressupõe somente a utilização de três estruturas métricas diferentes, mas também de formas de performance diferentes. Para o histrião, a mudança de metro não acarretava somente uma mudança no ritmo de sua fala; ao falar, recitar ou cantar, suas técnicas de representação deviam acompanhar a mudança rítmica do texto. E se o texto determina a técnica de representação do ator, é de se pressupor então que, ao compor, os poetas levavam em conta a dimensão performática de suas obras; e assim a representação também determinava a escritura do texto. Pensando nisso, e destacando a perícia plautina na utilização dos *cantica* e dos *diuerbia*, Dupont e Letessier (2012, p. 153) concluem:

> Plauto não escrevia uma cena em *canticum* da mesma maneira que escrevia uma em *diuerbium*. Ele não se contentava em mudar o metro, mas levava em conta as técnicas de interpretação dos atores [...] o *canticum* e o *diuerbium* implicam dois modos de representação específicos: o *canticum* mobiliza todo o corpo do ator e necessita de dois outros intérpretes: o tocador de tíbia e provavelmente um cantor que dá apoio ao texto; no *diuerbium*, por sua vez, o ator é o único intérprete, e interpreta especialmente com a parte de cima de seu corpo.

Partindo dessa relação de influência e mesmo de dependência entre o texto e a encenação, Dupont e Letessier lançam mão de um olhar sobre a dramaturgia romana que destaca a relevância da dimensão representacional, mostrando que, em vez de simples consequência do texto dramático, a representação compõe o gênero. Por mais que hoje seja praticamente impossível pensar a representação dos textos da comédia *palliata* tal como ela efetivamente se dava, a consciência de sua relevância distingue ainda mais a importância que cada uma das variáveis a ela inerentes possui – o exemplo citado das estruturas métricas, com isso, deixa de ser apenas um recurso poético-literário e passa a acumular uma função ainda maior dentro do gênero. A perda da dimensão performativa dessas obras repercutiu, com o passar dos anos, na valorização do texto como o grande objeto estético da tradição, o que não significa que, à época de Plauto e Terêncio, isso já ocorria. Pensando nisso, Dupont e Letessier (2012, p. 153) ainda alegam que naquela época os poetas possuíam um papel secundário do ponto de vista do espetáculo, pois apenas forneciam um texto-material, espécie de partitura, aos atores, esses, sim, os grandes responsáveis pelo sucesso do gênero. Mais do que rebaixamento da importância dos poetas e do texto, porém, essa suposição enaltece a dimensão dramática da *palliata*, destacando a grandeza e a complexidade do gênero.

Da tradução

Entranhada de tal maneira aos modos de significar da *palliata*, seria impossível, e mesmo irresponsável, desconsiderar a métrica em nossa tradução. A escolha por tentar reelaborar essas estruturas, porém, não implica em sua exclusividade: o *poético* da tradução que ora se apresenta transcende os limites do verso ou do ritmo entendido como alternância entre sílabas ou sons marcados e não marcados, embora não os exclua. Nossa tradução busca o poético por meio de uma tradução do *ritmo*, sim, mas do *ritmo* entendido como "a organização e a própria operação do sentido no discurso" (MESCHONNIC, 2010, p. 43). Nesse sentido, portanto, traduzir de acordo com o ritmo do texto é traduzir de acordo com os elementos que agem na composição dos sentidos da obra, traduzir conforme as estruturas da *palliata*, seus metros, a caracterização dos personagens, as especificidades de enredos e cenas, as passagens agitadas, as falas muitas vezes mais do que ambíguas, a brevidade chistosa de seus discursos, etc.: é, pois, tomar essas estruturas como a justa medida para a elaboração de outro *ritmo-organização* em português, de uma outra *poética*. Diz Meschonnic (2010, p. LXIV): "A força de uma tradução bem-sucedida é que ela é uma poética para uma poética. Não do sentido pelo sentido nem de uma palavra pela palavra, mas o que faz de um ato de linguagem um ato de literatura." Traduzir uma poética, então, é traduzir do texto aquilo que o torna o texto que é, seu ritmo. Esse, o parâmetro aqui considerado.

Sendo assim, o destaque dado à métrica e ao seu funcionamento na *palliata* ao longo desta "Introdução" não significa ser ela o único elemento do texto considerado durante o fazer tradutório, mas sim que ela *também* foi considerada durante esse empenho. A necessidade de ressaltar esse aspecto, por sua vez, descende de uma profunda e lamentável carência de traduções da Comédia Latina para o português que considerem a métrica mais do que um detalhe a ser mencionado em notas de rodapé: como constituinte não só do texto, mas principalmente do gênero ao qual pertencem as produções de Plauto e Terêncio. Levando a sério o tratamento teórico de Moore, Marshall e Dupont-Letessier aqui expostos, a métrica deve ser de alguma forma *experimentada* pelo público que os lê em nossa língua, assim como esse mesmo público pode experimentar as brincadeiras e os trocadilhos plautinos, seus escravos muitas vezes irresponsáveis e seus velhos mal-humorados. São muito poucas as tentativas de tornar o verso um elemento relevante nas traduções para o português, a ponto de poderem ser elencadas sem o risco do enfado: em 1778, Leonel da Costa Lusitano publicou a tradução de quatro peças de Terêncio (*Andria, Eunuco, Heautontimorumenos* e *Adelfos*) em decassílabos (TERÊNCIO, 1945); em 1888, João Cardoso de Menezes e Sousa, o Barão de Paranapiacaba, publicou sua tradução polimétrica da *Aulularia* plautina, realizada principalmente em dodecassílabos, decassílabos e heptassílabos rimados (PLAUTO, 1888); em 2012, uma versão inicial desta tradução foi desenvolvida como minha dissertação de mestrado (CARDOSO, 2012); por fim, a tradução do *Adelfos*, de Terêncio, realizada por Rodrigo Tadeu Gonçalves.[16]

A partir do exposto principalmente na seção anterior desta "Introdução", portanto, desenvolveu-se o projeto que regeu o trabalho de tradução do *Amphitruo* plautino que ora se apresenta. A busca por uma forma de tornar as estruturas criadas pela métrica na *palliata* passíveis de experimentação em língua portuguesa, porém, esbarram em algumas dificuldades nem um pouco irrelevantes, a começar pelo próprio sistema métrico romano: baseado principalmente em sequências mais ou menos padronizadas de sílabas longas e breves, seus versos possuem, com a música, uma relação muito próxima, fundamentada em uma característica da língua latina: a quantidade silábica – *grosso modo*, o tempo de pronúncia de cada sílaba, que são, por isso, longas ou breves. Se o *tempo* é um elemento importante para a música, na comédia *palliata*, uma produção eminentemente musical, o verso, a música da tíbia e a performance do ator estão em uma relação bastante íntima, como já o vimos, suportada por esse valor *da língua latina*. Ausente na língua portuguesa, bem como na sua versificação tradicional, a quantidade silábica é, sem dúvidas, uma falta bastante importante em um sistema métrico que busque emular os versos romanos.

Fundamentada no número de sílabas poéticas e na presença de acentos obrigatórios em posições determinadas do verso (os ictos), a versificação tradicional da língua portuguesa prescinde do elemento quantitativo das sílabas – o qual, porém, sempre poderá ser compensado por meio da prosódia, por exemplo, ou de uma melodia. Ainda assim, é forçoso que se faça ver essa diferença no nível da língua: se, na versificação portuguesa, uma melodia pode compensar a ausência da quantidade silábica na língua, sobrepondo-se, ao menos nesse aspecto, aos ditames do verso, em latim, e aqui especialmente na *palliata*, é o verso que está na base da composição musical, determinando ou pelo menos garantindo um caminho rítmico para a música que está fundamentado justamente nas sequências mais ou menos padronizadas de sílabas longas e breves.[17] As sequências, ou pés, que se repetem durante toda a extensão do verso acabam criando, por sua vez, uma recorrência rítmica dentro de um mesmo verso, embora essa recorrência possa ser quase que completamente dissolvida pelas possibilidades de substituição entre sílabas longas e breves, já que, do ponto de vista do tempo, duas sílabas breves equivalem a uma única sílaba longa. Na versificação tradicional portuguesa, nem sempre se pode falar em células rítmicas características de um verso, uma vez que seus ictos, ao menos nas conformações mais típicas, não as garantem.[18] As diferenças são, portanto, claras e importantes, mas nem por isso incontornáveis.

Para a tradução que ora se apresenta, optou-se por um padrão de versificação não totalmente estranho à versificação tradicional da língua portuguesa, uma vez que se caracteriza como um verso livre – ou, mais especificamente, um verso de medida livre –, mas no mínimo pouco usual, visto que, apesar de livre, possui ao menos um icto obrigatório, bem como uma sequência rítmica interna desejada. A partir disso, os versos dos *diuerbia* e os recitativos dos *cantica* foram pensados da seguinte maneira: sem exigência de uma quantia específica de sílabas que os garanta identidade, são, então, de medida livre; por um lado, os que traduzem os versos jâmbicos latinos, tanto senários como octonários, têm icto obrigatório na segunda sílaba poética, fazendo com que comecem por uma sequência jâmbica (não marcado–marcado); os que traduzem os trocaicos, por outro lado, têm icto obrigatório na primeira sílaba poética, começando, tal como os versos latinos que emulam, por um elemento marcado. Em ambos os tipos de verso, a manutenção de uma sequência marcado–não marcado ou não marcado–marcado fundamentada na alternância entre sílabas átonas e tônicas foi sempre desejada, mas não imposta.[19] Com isso, buscou-se criar uma variação rítmica dentro de cada verso que também pode ser vista nos versos plautinos, especialmente se não considerarmos sua relação complementar com a música – da qual, neste projeto, abriu-se mão. Seguem, a título de exemplo do exposto, um trecho em senários jâmbicos, octonários jâmbicos e septenários trocaicos, respectivamente (v. 1-4, 153-155, 263-265):

> Tal **vós** de mim quereis que em vossas transações
> de **com**pra e venda seja sempre vasto vosso lucro,
> que eu **guar**de e afete os vossos convênios, todos,
> que os **vos**sos negócios e os créditos, de todos vós,

> Um **ou**tro homem pode ser mais confiante e audaz que eu,
> que **sei** a praxe dos mais jovens e sozinho à noite caminho?
> O **que** farei se agora os guardas me arremessarem na cadeia?

> **Olha!** O homem vem até aqui; eu vou ao seu encontro:
> **nun**ca que eu deixo o homem entrar nesta casa ainda hoje.
> **Ten**do em mim sua imagem, com certeza engano o homem.

Para as canções, optou-se por outros padrões. Aquelas eminentemente polimétricas, como o são as cantadas por Sósia e Mercúrio (v. 159-179) e por Anfitrião e Sósia (v. 551-585), foram traduzidas sem qualquer exigência rítmica ou de quantia de sílabas predeterminadas. Assim, seu ritmo diz respeito única e exclusivamente à busca de um arranjo o mais harmônico possível das palavras que compõem cada um dos seus versos – são, então, versos livres. Para aquelas eminentemente monométricas, performadas por Sósia (v. 219-247) e Alcmena (633-653), foi escolhido um padrão de composição baseado na recorrência de células rítmicas específicas, os pés métricos. Pensando principalmente no conteúdo bélico da canção de Sósia, bem como no ambiente em que ela ocorre, um relato de batalha, a traduzimos conforme o hexâmetro datílico português utilizado por Carlos Alberto Nunes em suas traduções da épica greco-latina clássica, que é fundamentado em cinco pés compostos por um sequência tônica-átona-átona, seguidos por um sexto pé que pode ser tônica-átona-átona ou só tônica-átona.[20] Para aquela de Alcmena, escolhemos um pé anapéstico (átona-átona-tônica e, no último pé, átona-átona-tônica ou átona-tônica), por caracterizar-se, em português, como um ritmo mais lento e arrastado, conforme, acreditamos, ao andamento de sua lamentação. A seguir, um exemplo de cada uma das canções: as duas polimétricas (Sósia e Mercúrio, e Sósia e Anfitrião) e as duas monométricas (Sósia e Alcmena), respectivamente (v. 170-4; 219-221; 551-585; 633-635):

> De trabalhos e tarefas liberado, o próprio senhor rico
> julga possível tudo aquilo que deseja um homem livre:
> julga ser justo, mas não julga sobre como é trabalhoso,
> nem julgará se é justa ou injusta a ordem que ordena.
>
> AN   Pois me siga! SO Eu sigo seguindo de perto.
> AN   Tu és um larápio! SO E agora essa! Por quê?
> AN   Bom, porque o que estás me contando não é,
> nunca foi, nem será. SO Mas de novo o de sempre
> tu fazes: nenhum apoio em ti os teus encontram.
>
> **Tro**pas es**plên**didas **vão** se mo**ven**do de **am**bos os **la**dos;
> **são** divi**di**dos os **ho**mens e **são** divi**di**das as **or**dens.
> **nós** instru**í**mos as **nos**sas da **nos**sa ma**nei**ra e cos**tu**me;
>
> Não é **coi**sa bem **pou**ca o pra**zer** nessa **vi**da e nos **di**as vi**vi**dos
> compa**ra**do às mo**lés**tias? As**sim** compu**se**ram os **di**as dos **ho**mens,
> deci**di**ram os **deu**ses as**sim**, que a tris**te**za acom**pa**nhe os pra**ze**res:

Cada uma das diferentes estruturas métricas presentes na peça foi indicada antes de seu início, explicitando-se, entre parênteses angulados, o seu tipo – *diuerbium* ou *canticum* – e o seu verso característico em latim – ia6, ia8, tr7 e "canção" para os *mutatis modis cantica*. Achamos melhor não incluir as rubricas que se costumam acrescentar aos originais, deixando, assim, a cargo do leitor, a visualização e a interpretação de como as falas e a movimentação dos personagens poderiam se dar sobre o palco. Além disso, optamos por seguir a divisão em arcos sugerida por Marshall (2006),[21] uma vez que o que se pretende nesta tradução é tornar mais claros os elementos e as estruturas métricas que compõem o texto. Sendo assim, a divisão das peças em "atos", estranha aos romanos da época de Plauto, mas bastante comum em traduções e edições das comédias, foi desconsiderada em nossa tradução, mas mantida na edição do texto em latim que ladeia o texto traduzido.

Resta dizer, ainda, que um aspecto bastante significativo da construção da comicidade foi tencionado durante o processo de tradução ora empreendido: a brevidade. Valor do poético celebrado pelos modernos e pelos antigos,[22] a economia das palavras que conduz ao riso, aliada aos jogos centrados na materialidade da palavra ou em sua significação – tudo isso bastante plautino –, foi aqui um dos parâmetros para a construção do texto traduzido. Com isso, buscou-se criar uma poética para nossa tradução que possibilitasse o mais possível ao leitor de língua portuguesa as experiências que o leitor do texto em latim pode ter. Novamente, pois é forçoso que se repita, a poética que aqui se buscou desenvolver não se caracteriza única e exclusivamente por tentar recriar, de acordo com um dos muitos parâmetros possíveis para isso, uma experiência da métrica da *palliata*, mas sim por incluir mais esse elemento em seu escopo de parâmetros de tradução. Com isso, por fim, muito longe de considerarmos esta a única maneira de recriar uma tal experiência em português, ficaremos felizes se nosso trabalho servir de incentivo ou provocação para que outros se desenvolvam, valorizando cada vez mais a poesia da *palliata* por meio de seus traços mais característicos.

★ ★ ★

Esta "Introdução" não pode se encerrar sem que se prestem os devidos agradecimentos a algumas das pessoas que acompanharam o desenvolvimento deste trabalho desde o seu início, ainda no mestrado, até este resultado. Assim, agradeço a meus pais, José e Terezinha, e à minha amada Thayse, por todo amor, compreensão e companheirismo, sem os quais nada disso seria possível. Aos Professores Doutores Rodrigo Tadeu Gonçalves (UFPR) e Brunno V. G. Vieira (UNESP/Araraquara), por tudo o que diz respeito à nossa amizade e às orientações, sem o que meu caminho teria sido completamente outro, se não quase impossível, bem como pelos preciosos comentários nos diferentes estágios do trabalho que ora se apresenta. Agradeço ainda aos Professores Doutores Maurício Mendonça Cardozo (UFPR), João Ângelo Oliva Neto (USP), Alessandro Rolim de Moura (UFPR) e Guilherme Gontijo Flores (UFPR), por todo o trabalho dispensado comigo e com minhas produções durante o mestrado e mesmo antes dele. Por fim, ao Plauto, pelo texto e pelo desafio que ele me propôs e propõe, e a todos os anônimos que fizeram com que sua obra chegasse aos nossos dias. A cada um, meus mais sinceros agradecimentos. Todos os desvios quanto à tradução e às afirmações críticas e teóricas presentes neste trabalho são de minha inteira responsabilidade.

Notas

[1] Sobre a datação de *Truculentus*, cf. Plauto (2010).

[2] Para que o poeta ficasse exposto ao público. Sobre a referência a Névio, cf. Gruen, 1996, p. 96-97.

[3] Cipião, *Scipio* em latim, acaba ecoando tanto na forma verbal *scio* ("eu sei") quando no objeto direto *scipionem* ("bastão"), ambas presentes nos versos citados.

[4] A escolha de Andronico não deve ter-se dado por acaso, uma vez que, sabe-se, a essa época ele já tinha traduzido a *Odisseia*, de Homero, ao latim – obra geralmente datada de meados do século III a.C.

[5] Com "literária", aqui, refiro-me etimologicamente a uma cultura fundamentada na produção e recepção de textos escritos (de *litterum*, "letra").

[6] Sobre o contexto geográfico e político da expansão romana, especialmente no tocante às suas influências no desenvolvimento da cultura letrada na República, cf. Albrecht (1997).

[7] Sobre aspectos dos enredos da Comédia Nova, cf. especialmente Hunter (2010) e Duckworth (1994).

[8] Terêncio pode ser visto como um comediógrafo mais afim aos moldes gregos, especialmente pelo modo como explora seus enredos e personagens; e quando levamos em consideração sua necessidade sempre manifesta de defender-se em seus prólogos dos ataques sofridos de outros poetas, que geralmente o acusam de ser um dramaturgo ruim, podemos mesmo considerar a hipótese de que suas peças são, na verdade, o diferente dentro da tradição da *palliata*, talvez pela busca de um retorno às origens gregas da Comédia Romana. Sobre isso, cf. Wright (1974).

[9] Sobre as características dos enredos plautinos, cf. principalmente Duckworth (1994, p. 139-202, 305-359) e Hunter (2010).

[10] Moore (2012, p. 8 ss) cita como fontes importantes, entre outros, Cícero, Horácio, Donato e Diomedes, além das próprias didascálias de algumas das peças.

[11] Para uma análise detalhada do elemento musical na Comédia Romana, bem como das relações entre metro, ritmo e melodia, cf. Marshall (2006) e Moore (1998a, 2012).

[12] Cada dois pés formam um *metrum*.

[13] Quando uma única sílaba breve ocorre na posição em que se aguardava uma sílaba longa.

[14] Os senários jâmbicos romanos podem ser vistos como a versão em latim dos trímetros jâmbicos gregos, e os septenários trocaicos são uma versão catalética dos tetrâmetros trocaicos gregos.

[15] Embora seja fácil a vinculação da polimetria romana à comédia aristofânica, seja como modelo, seja como inspiração, Fraenkel (2007, p. 222) argumenta que uma tal explicação não dá conta de justificar nem a origem dos metros utilizados pelos romanos, nem o caminho pelo qual os textos de Aristófanes teriam chegado até eles.

[16] Essas foram as tentativas que conseguimos identificar até o momento do lançamento deste volume. Para mais informações sobre traduções em verso da Comédia Romana, cf. Cardoso (2012); Cardoso; Gonçalves (2014); Gonçalves (2011, 2015a); Flores; Gonçalves (2014).

[17] Cf. a terceira seção desta "Introdução".

[18] Pensando em um decassílabo heroico, por exemplo, os ictos obrigatórios na sexta e na décima sílabas poéticas não garantem que as outras sílabas tônicas das palavras que o compõem ocorrerão conforme um padrão determinado, como átona-átona-tônica-átona-átona-tônica, por exemplo, ou átona-tônica-átona-tônica-átona-tônica. Por outro lado, como vimos na terceira seção desta "Introdução", na *palliata*, mesmo que um verso de sequência trocaica não tenha cada um dos pés iniciados por uma sílaba longa, o que seria o seu padrão, seria função do tibícine acentuar o primeiro elemento de cada pé para que o público percebesse o verso como uma sequência de pés trocaicos.

[19] Porque se considerou que a posição marcada pertence ao verso, e não necessariamente à palavra, nem sempre o icto coincide com uma sílaba tônica, podendo então recair sobre uma sílaba subtônica ou mesmo átona. Dessa forma, em ambos os casos, essas sílabas devem ser lidas como tônicas.

[20] Dada a própria conformação do texto em latim, porém, nem todos os versos de nossa tradução são hexamétricos, embora sejam todos baseados nas sequências datílicas especificadas.

[21] Analisada no "Posfácio" deste volume.

[22] Conforme aponta o "Prefácio" a esta tradução.

Nota sobre o texto

Nas duas famílias de manuscritos (MSS) plautinos que nos chegaram, a do *Palimpsesto Ambrosiano* (representado pela letra A e datado dos séc. IV ou V) e a dos *Códices Palatinos* (da qual fazem parte os MSS B, C e D, dos séculos X ou XI, cujo arquétipo é, possivelmente, do século VIII), somente os MSS B e D apresentam o texto do *Amphitruo* (a parte do MSS A referente ao *Amphitruo* se perdeu, e nela também estavam a *Asinaria*, a *Aulularia* e o *Curculio*, assim como trechos dos *Captiui* e da *Vidularia*). Posteriores a B, o *codix uetus Camerarii* e D, o *codex Ursinianus*, os MSS E e J, datados do século XII, também trazem o texto do *Amphitruo*.

De todas as questões envolvidas na transmissão do *Anfitrião*, porém, a mais relevante diz respeito à lacuna de extensão desconhecida, embora se fale em cerca de trezentos versos (COSTA, 2010, p. 45 ss), entre os versos 1034 e 1035 da peça, já próxima do momento de resolução da trama, portanto. Desses versos perdidos, porém, vinte fragmentos foram preservados nos textos de escoliastas e gramáticos, especialmente Nônio, os quais são distribuídos de acordo com diferentes critérios pelos editores modernos. Aqui, seguimos a distribuição sugerida por Ernout, a qual está em acordo com os esquemas métricos considerados por Marshall (2006) para a divisão do *Anfitrião* em seis arcos – a qual será analisada em nosso "Posfácio".

T. Macci Plauti Amphitruo*

AMPHITRUO

PERSONAE

MERCVRIVS DEVS
SOSIA SERVVS
IVPPITER DEVS
ALCVMENA MATRONA
AMPHITRVO DVX
BLEPHARO GVBERNATOR
BROMIA ANCILLA

---

* Seguimos, aqui, as mesmas indicações de Ernout: dentro das chaves "[ ]" estão palavras e letras que parecem ter sido excluídas; entre parentes "( )", as que são dúbias ou que parecem ter sido interpoladas; estão entre parênteses angulados "< >" as que parecem ter sido acrescentadas; a cruz sobrescrita "†" indica palavras corrompidas e que ainda não puderam ser sanadas; o asterisco "★" indica uma lacuna; um traço vertical entre duas palavras "|" indica um hiato; letras e palavras em *itálico* indicam aquelas em que discrepam os manuscritos.

ANFITRIÃO,
DE TITO MÁCIO PLAUTO

TRADUÇÃO POÉTICA DE Leandro Dorval Cardoso

PERSONAGENS

Júpiter – deus
Mercúrio – deus
Anfitrião – general
Sósia – escravo
Alcmena – matrona
Blefarão – capitão
Brômia – escrava

As cenas se passam em Tebas, em frente à casa de Anfitrião.

ARGVMENTVM I

In faciem uersus Amphitruonis Iuppiter,
Dum bellum gereret cum Telobois hostibus,
Alcmenam uxorem cepit usurariam.
Mercurius formam Sosiae serui gerit
Absentis: his Alcmena decipitur dolis.   5
Postquam rediere ueri Amphitruo et Sosia,
Vterque deluduntur [dolis] in mirum modum.
Hinc iurgium, tumultus uxori et uiro,
Donec cum tonitru uoce missa ex aethere
Adulterum se Iuppiter confessus est.   10

Argumento I

Vertido na aparência de Anfitrião, Júpiter,
enquanto aquele guerreava com os teléboas,
em usura tomou pra si Alcmena, a esposa.
Mercúrio adota a forma de Sósia, seu servo
ausente; os dois iludem Alcmena num dolo.   5
Voltando os verdadeiros Sósia e Anfitrião,
um e outro eles iludem num dolo espantoso.
Disso, a briga e a discórdia surgem no casal,
até que, enviando a voz do éter num trovão,
como adúltero, Júpiter, enfim, se assume.   10

ARGVMENTVM II

Amore captus Alcumenas Iuppiter
Mutauit sese in formam | eius coniugis,
Pro patria Amphitruo dum decernit cum hostibus.
Habitu Mercurius ei subseruit Sosiae:
Is aduenientis seruum ac dominum frustra habet.   5
Turbas uxori ciet Amphitruo: atque inuicem
Raptant pro moechis. Blepharo captus arbiter
Vter sit non quit Amphitruo decernere.
Omnem rem noscunt; geminos †Alcumena enititur.

Argumento II

Arde de amores por Alcmena o grande Jove;
Nas feições do marido, então, se transfigura,
Fazendo-se ele, que combate com os teléboas.
Imita o escravo Sósia e ajuda ao pai Mercúrio:
Tecem, pra servo e dono que voltam, enganos.   5
Ralha com a esposa Anfitrião; os rivais, juntos,
Infiel dizem um pro outro. Blefarão, o árbitro,
Alega que, entre os dois, não sabe o Anfitrião.
O assunto se resolve, e Alcmena pare gêmeos.

\<PROLOGVS\>

MERCVRIVS

Vt uos in uostris uoltis mercimoniis
Emundis uendundisque me laetum lucris
Adficere atque adiuuare in rebus omnibus,
Et ut res rationesque uostrorum omnium
Bene expedire uultis peregrique et domi,   5
Bonoque atque amplo auctare perpetuo lucro
Quasque incepistis res quasque inceptabitis,
Et uti bonis uos uostrosque omnis nuntiis
Me adficere uultis, ea adferam, ea ut\<i\> nuntiem,
Quae maxime in rem uostram communem sient –   10
Nam uos quidem id iam scitis concessum et datum
Mi esse ab dis aliis, nuntiis praesim et lucro –,
Haec ut me uultis adprobare, adnitier,
Lucrum ut perenne uobis semper subpetat,
Ita huic facietis fabulae silentium   15
Itaque aequi et iusti hic eritis omnes arbitri.
    Nunc cuius iussu uenio et quam ob rem uenerim,
Dicam simulque ipse eloquar nomen meum.
Iouis iussu uenio; nomen Mercuriost mihi.
Pater huc me misit ad uos oratum meus,   20
Tametsi, pro imperio uobis quod dictum foret
Scibat facturos, quippe qui intellexerat
Vereri uos se et metuere, ita ut aequum est Iouem.
Verum profecto hoc petere me precario
A uobis iussit, leniter, dictis bonis.   25
Etenim ille cuius huc iussu uenio Iuppiter
Non minus quam uostrum quiuis formidat malum:
Humana matre natus, humano patre,
Mirari non est aequom, sibi si praetimet.

Arco I

Mercúrio
<diuerbium>

Tal vós de mim quereis que em vossas transações
de compra e venda seja sempre vasto vosso lucro,
que eu guarde e afete os vossos convênios, todos,
que os vossos negócios e os créditos, de todos vós,
quereis que eu bem avulte, nesta e n'outras praças,   5
que aumente com perpétuo, e bom e amplo lucro
questões já empreendidas e as que empreendereis,
que a vós socorra e aos vossos só com boas novas,
que delas seja o portador e aporte aquelas
que forem as melhores para o vosso bem   10
(sabeis que pelos outros deuses foi-me dado
e imposto antepor-me aos lucros e notícias),
que aprove e suporte as coisas que quereis,
que lucro eterno e perene sempre vos conceda,
assim de vós eu quero, durante a peça, silêncio,   15
e todos vós assim sereis juízes justos, corretos.
    Agora, por quem venho e por quem vim direi,
e ao mesmo tempo eu mesmo vou dizer quem sou:
por Jove enviado venho, e o meu nome é Mercúrio.
Meu pai mandou-me aqui pra que eu vos peça,   20
embora saiba que como ordem vós tomaríeis
qualquer dizer, pois que o temeis e respeitais,
tal deve ser feito com Jove, compreende.
Porém, mandou que, na verdade, eu pedisse
rogando, com gentileza e palavras bondosas,   25
porquanto o Jove a mando do qual venho aqui
não teme a surra menos que qualquer de vós:
de humana mãe nascido e de pai humano,
não é de se espantar que tenha lá seus medos.

Atque ego quoque etiam, qui Iouis sum filius,   30
Contagione mei patris metuo malum.
Propterea pace aduenio et pacem ad uos *fero.*
Iustam rem et facilem esse oratam a uobis uolo.
Nam iuste ab iustis iustus sum orator datus;
Nam iniusta ab iustis impetrari non decet,   35
Iusta autem ab iniustis petere insipientia est,
Quippe illi iniqui ius ignorant neque tenent.
Nunc iam huc animum omnes quae loquar aduortite.
Debetis uelle quae uelimus: meruimus
Et ego et pater de uobis et re publica.   40
Nam quid ego memorem, ut alios in tragoediis
Vidi, Neptunum, uirtutem, Victoriam,
Martem, Bellonam, commemorare quae bona
Vobis fecissent, quis benefactis meus pater,
Deorum regnator, architectus<t> omnibus?   45
Sed mos numquam illi fuit patri meo – ∪ –
Vt exprobraret quod bonis faceret boni;
Gratum arbitratur esse id a uobis sibi
Meritoque uobis bona se facere quae *facit.*
   Nunc quam rem oratum huc ueni, primum proloquar;   50
Post argumentum huius eloquar tragoediae.
Quid contraxistis frontem? quia tragoediam
Dixi futuram hanc? deus sum, commutauero.
Eandem hanc, si uultis, faciam | ex tragoedia
Comoedia ut sit omnibus isdem uorsibus.   55
Vtrum sit an non uoltis? sed ego stultior,
Quasi nesciam uos uelle, qui diuus siem.
Teneo quid animi uostri super hac re siet.
Faciam ut commixta sit †tragico comoedia;
Nam me perpetuo facere ut sit comoedia,   60
Reges quo ueniant et d*i*, non par arbitror.
Quid igitur? quoniam hic seruus quoque partes habet,
Faciam sit, proinde ut dixi, tragico[co]moedia.
Nunc hoc me orare a uobis iussit Iuppiter,
Vt conquistores singula in subsellia   65
Eant per totam caueam spectatoribus.

É certo que eu também, um filho de Jove,   30
receio a surra por influência do meu pai.
Por isso venho em paz e trago a vós a paz.
Eu quero rogar-vos algo justo e simples,
pois justos, com justiça, um justo orador
me dizem, e ao justo a injustiça não cabe,   35
tal como ansiar justiça do injusto é loucura,
pois deixam e ignoram o justo os injustos.
Agora, com atenção ouvi o que eu vou dizer:
querei o que queremos, pois o merecemos,
meu pai e eu, de vós e também da república;   40
terei que vos lembrar (como vi nas tragédias
os outros deuses – Netuno, Virtude e Vitória,
Belona e Marte – relembrando as coisas boas
que vos fizessem) que dos ganhos é meu pai,
dos deuses o monarca, o arquiteto de todos?   45
Mas nunca foi costume do meu pai, magnífico,
ralhar com os bons pelos bens que tenha feito;
e julga que, por isso, é reconhecido por vós,
e faz a vós o bem que faz por vosso mérito.
    Agora, eu vou dizer o que eu vim dizer antes;   50
depois, eu conto o argumento desta tragédia.
Por que contorceis o rosto? Por que eu falei
tragédia? Eu sou um deus, vou transformá-la.
A mesma, se quiserdes, de tragédia eu farei
comédia mesmo sendo iguais os versos todos.   55
Então, quereis ou não? Mas eu sou muito burro:
um deus, eu não saberia qual o vosso querer?
Eu sei como a questão está aí em vosso espírito:
farei que seja um misto, uma tragicomédia.
Fazer que seja, do início ao fim, uma comédia   60
não julgo certo, porque reis e deuses intervêm aqui.
E já que escravos têm também papéis na peça,
farei que seja, como já falei, uma tragicomédia.
Agora, o que Jove me mandou pedir-vos:
que agentes percorram banco por banco   65
por todo o ajuntamento dos espectadores;

Si cui fauitores delegatos uiderint,
Vt *is* in cauea pignus capiantur togae.
†Siue qui ambissint palmam histrionibus
Siue cuiquam artifici – seu per scriptas litteras 70
†Siue qui ipse ambisset seu per internuntium –;
Siue adeo aediles perfidiose cui duint;
S*irempse legem* iussit esse Iuppiter,
Quasi magistratum sibi alteriue ambiuerit.
Virtute dixit uos uictores uiuere, 75
Non ambitione neque perfidia; qui minus
Eadem histrioni sit lex quae summo uiro?
Virtute ambire oportet, non fauitoribus.
Sat habet fauitorum semper qui recte facit,
Si illis fides est quibus est ea res in manu. 80
Hoc quoque etiam mihi | in mandatis dedit,
Vt conqui*s*tores fierent histrionibus.
Qui sibi mandasse*t* delegati ut plauderent
Quiue quo place*r*et alter fecisset minus,
Eius ornamenta et corium uti conciderent. 85
Mirari nolim uos, quapropter Iuppiter
Nunc histriones curet. Ne miremini:
Ipse hanc acturust Iuppiter comoediam.
Quid admirati | estis, quasi uero nouum
Nunc proferatur, Iouem facere histrioniam? 90
Etiam histriones anno cum in proscaenio hic
Iouem inuocarunt, uenit, auxilio is fuit.
Praeterea certo prodit in tragoedia.
Hanc fabulam, inquam, hic Iuppiter hodie ipse aget,
Et ego una cum illo. Nunc ★ animum aduortite, 95
Dum huius argumentum eloquar comoediae.
    Haec urbs est Thebae; in illisce habitat aedibus
Amphitr*u*o, natus Argis ex Argo patre,
Quicum Alcumena est nupta, Electri filia.
Is nunc Amphitr*u*o praefectust legionibus; 100
Nam cum Telobois bellum est Thebano pop*l*o.
Is prius quam hinc abiit ipsemet in exercitum,
Grauidam Alcumenam | uxorem fecit suam.

se virem fautores delegados de alguém,
que tomem sua toga em penhor no ato;
se acaso pedirem palmas para histriões
ou pra qualquer autor, seja com um cartaz,   70
ou ele próprio peça ou tenha um mediador,
ou mesmo se os edis, por ardil, premiarem,
ordena Jove que a lei seja aquela mesma
de quando alguém pede um cargo público.
Falou que, vencedores, venceis com virtude,   75
e não com ambição ou dolo. Por que seria a lei
mais leve ao histrião que ao grande homem?
Que as peçam por virtude, não por fautores.
Tem sempre seus fautores quem age direito,
se crença há naqueles com poder nas mãos.   80
Também me disse isso entre seus mandados:
que existam inspetores para os histriões.
Aquele que pra si formou torcida própria,
ou mesmo fez que outro agradasse menos,
retalhem dele tanto a roupa como o couro.   85
E não vos espanteis com o motivo de Jove
cuidar agora de atores. Não vos espanteis:
o próprio Jove vai atuar nesta comédia.
Por que vós estranhais? Até parece inédito
dizer agora que Jove brinca de histrião.   90
Um ano atrás, os histriões, aqui, no palco
a Jove não chamaram, que veio e acorreu?
Além do mais, também aparece em tragédias.
Estou dizendo: hoje, nesta peça, age Júpiter
e eu idem. Agora, voltai para cá sua atenção,   95
pois vou contar o argumento desta comédia.
    Esta cidade é Tebas; nesta casa Anfitrião
habita, um nascido em Argos e de pai argivo,
que com a filha de Eléctrion, Alcmena, casou-se.
Anfitrião comanda agora as nossas legiões   100
na guerra dos teléboas contra o povo tebano.
Mas antes que daqui partisse com o exército,
deixou a sua esposa – Alcmena – grávida.

Nam ego uos nouisse credo iam ut sit pater meus,
Quam liber harum rerum multarum siet,   105
Quantusque amator siet quod complacitum est semel.
Is amare occepit Alcumenam clam uirum,
Vsuramque eius corporis cepit sibi,
Et grauidam fecit is eam compressu suo.
Nunc de Alcumena ut rem teneatis rectius,   110
Vtrimque est grauida, et ex uiro et ex summo Ioue.   '
Et meus pater nunc intus hic cum illa cubat,
Et haec ob eam rem nox est facta longior,
Dum <cum> illa quacum uult uoluptatem capit.
Sed ita adsimulauit se quasi Amphitruo siet.   115
Nunc ne hunc ornatum uos meum admiremini,
Quod ego huc processi sic cum seruili schema;
Veterem atque antiquam rem nouam ad uos proferam;
Propterea ornatus in nouum incessi modum.
Nam meus pater intus nunc est eccum Iuppiter.   120
In Amphitruonis uertit sese imaginem
Omnesque eum esse censent serui qui uident,
Ita uersipellem se facit, quando lubet.
Ego serui sumpsi Sosiae mihi imaginem,
Qui cum Amphitruone | abiit hinc in exercitum,   125
Vt praeseruire amanti meo possem patri,
Atque ut ne qui essem familiares quaererent,
Versari crebro hic cum uiderent me domi.
Nunc cum esse credent seruum et conseruum suum,
Haud quisquam quaeret qui siem aut quid uenerim.   130
Pater nunc intus suo animo morem gerit.
Cubat complexus, cuius cupiens maxime est.
Quae illi ad legionem facta sunt, memorat pater
Meus Alcumenae | . Illa illum censet uirum
Suum esse, quae cum moecho est. Ibi nunc meus pater   135
Memorat legiones hostium ut fugauerit,
Quo pacto sit donis donatus plurimis.
Ea dona, quae illic Amphitruoni sunt data,
Abstulimus: facile meus pater quod uult facit.
Nunc hodie Amphitruo ueniet huc ab exercitu   140

Mas creio que sabeis e bem quem é meu pai
e o quão, de muitas dessas coisas, seja livre,   105
e como ama aquilo que uma vez o aprouve.
Às costas do esposo, deu amor a Alcmena,
pra si extorquindo de seu corpo o proveito,
e grávida a deixou com seus abraços todos.
Agora, vede bem a condição de Alcmena: 110
dos dois está grávida, do esposo e de Jove.
Meu pai, agora, está deitado ali com ela,
por isso esta noite está assim mais longa,
enquanto com ela goza o que bem desejar.
Mas tanto o imitou, que está qual Anfitrião.   115
Agora, não vos espanteis com meus trajes,
porque procedo aqui na forma de escravo:
um novo velho e antigo assunto vou expor;
por isso venho ornado nesses novos trajes.
Agora, Jove, meu pai, está metido aí dentro,   120
vertido, ele próprio, nas feições de Anfitrião,
quem todos os escravos julgam ser ao vê-lo –
converte assim sua forma quando o agrada.
Pra mim eu assumi a compleição de Sósia,
escravo que partiu pra guerra com Anfitrião,   125
e vou poder servir a meu apaixonado pai.
Assim os servos não perguntarão quem sou
ao verem que eu revolvo assíduo pela casa.
Agora, crendo que sou servo e seu parceiro,
ninguém pergunta quem eu sou nem o que faço aqui.   130
Meu pai está lá dentro agindo como seu costume:
deitado, abraça aquela que maximamente almeja;
os feitos junto às legiões meu pai relembra e conta
pra Alcmena: ela pensa estar ao lado do marido,
mas junto está de um adúltero. Ali, meu pai ora   135
relembra como as tropas de inimigos expulsou
e o pacto pelo qual com tantas prendas o adularam.
Os tais presentes que lá foram dados para Anfitrião
roubamos, pois meu pai faz fácil tudo o que quiser.
Agora, Anfitrião retorna hoje do exército pra cá,   140

Et seruos, cuius ego hanc fero | imaginem.
Nunc internosse ut nos possitis facilius,
Ego has habebo | usque in petaso pinnulas;
Tum meo patri autem torulus inerit aureus
Sub petaso | ; id signum Amphitruoni non erit.   145
Ea signa nemo | horum familiarium
Videre poterit: uerum uos uidebitis.
Sed Amphitruonis illic est seruus Sosia;
A portu | illic nunc cum lanterna aduenit.
Abigam iam ego illunc aduenientem ab aedibus.   150
Adeste: erit operae pretium | hic spectantibus
Iouem et Mercurium facere | histrioniam.

<ACTVS I>

SOSIA   MERCVRIVS

<so>. Qui me alter est audacior homo aut qui confidentior,
Iuuentutis mores qui sciam, qui hoc noctis solus ambulem?
Quid faciam, nunc si tresuiri me in carcerem compegerint?   155
Inde cras quasi e promptaria cella depromar ad flagrum,
Nec causam liceat dicere †mihi neque in ero quicquam auxili siet
Nec quisquam sit quin me <malo> omnes esse dignum deputent.
Ita quasi incudem me miserum homines octo ualidi caedant;
[Nec aequum anne iniquum imperet cogitabit]   160
Ita peregre adueniens hospitio publicitus accipiar.
Haec eri inmodestia coegit me, qui hoc noctis a portu
[ingrati<i>s excitauit.   163+164
Nonne idem hoc luci me mittere potuit?   165
Opulento homini hoc seruitus dura est,
Hoc magis miser est diuitis seruus:
Noctesque diesque assiduo satis superque est
Quod facto aut dicto ade<o>st opus, quietus ne sis.
Ipse dominus diues, operis [et] laboris expers   170
Quodcumque homini accidit libere, posse retur;
Aequum esse putat, non reputat laboris quid sit;
Nec aequum anne iniquum imperet cogitabit.
Ergo in seruitute expetunt multa iniqua.

e junto vem o escravo cuja imagem trago.
Agora, pra que entre nós facilmente distinguis,
eu sempre terei no chapéu essas peninhas;
meu pai terá sob o chapéu um cordãozinho
de ouro; este sinal não estará em Anfitrião.   145
Ninguém dessa família pode ver esses sinais,
somente vós, na verdade, sois capaz de vê-los.
Mas eis se achega o Sósia, escravo de Anfitrião;
Do porto agora vem pra cá com uma lanterna.
Pra longe dessa casa vou mandar quem vem.   150
Assistam: aos presentes vai ser obra de apreço
ver Júpiter e Mercúrio brincando de histriões.

Sósia e Mercúrio
<*canticum* – rec. ia8>

SO Um outro homem pode ser mais confiante e audaz que eu,
que sei a praxe dos mais jovens e sozinho à noite caminho?
O que farei se agora os guardas me arremessarem na cadeia?   155
De lá me tiram amanhã e, então, me atiram pros açoites;
não vão dizer-me qual a causa, nem terei apoio em meu amo,
nem vai haver quem não me veja, de todos esses males, digno.
<*canticum* – canção>
Como oito fortões – pobre de mim! – batem numa bigorna,
[nem julgará se é justa ou injusta a ordem que ordena]   160
assim, chegando do estrangeiro, vou ser em público acolhido.
O excesso do senhor me arrasta e expulsa do porto à noite.
Por acaso não podia me mandar aqui com luz?   165
É difícil de servir a um senhor tão opulento.
A servidão a um homem rico é sempre bem mais dura:
noite e dia, sempre e sempre, há trabalho bastante e de sobra
pra ser dito, pra ser feito, pra que não se sossegue.
De trabalhos e tarefas liberado, o próprio senhor rico   170
julga possível tudo aquilo que deseja um homem livre:
julga ser justo, mas não julga sobre como é trabalhoso,
nem julgará se é justa ou injusta a ordem que ordena.
Muita injustiça, então, recai sobre os escravos;

Habendum et ferundum hoc onust cum labore. 175
<ME>. Satiust me queri illo modo seruitutem:
Hodie qui fuerim liber,
Eum nunc potiuit pater seruitutis;
Hic qui uerna natust queritur.

<SO>. Sum uero uerna uerbero: numero mihi in mentem fuit 180
Dis aduenientem gratias pro meritis agere atque alloqui?
Ne illi edepol, si merito meo referre studeant gratiam,
Aliquem hominem allegent, qui mihi aduenienti os occillet probe,
Quoniam bene quae in me fecerunt, ingrata ea habui atque inrita.
ME. Facit ille quod uolgo haud solent, ut quid se sit dignum sciat. 185
SO. Quod numquam opinatus fui neque alius quisquam ciuium
Sibi euenturum, id contigit, ut salui poteremur domi:
Victores uictis hostibus legiones reueniunt domum
Duello exstincto maximo atque internecatis hostibus.
Quod multa Thebano poplo acerba obiecit funera, 190
Id ui et uirtute militum uictum atque expugnatum oppidum est,
Imperio atque auspicio | eri mei Amphitruonis maxime:
Praeda atque agro | adoriaque adfecit popularis suos,
Regique Thebano Creoni regnum stabiliuit suum.
Me a portu praemisit domum, ut haec nuntiem uxori suae: 195
Vt gesserit rem publicam ductu, imperio, auspicio suo.
Ea nunc meditabor quo modo illi dicam, cum illo aduenero.
Si dixero mendacium, solens meo more fecero;
Nam cum pugnabant maxume, ego tum fugiebam maxume.
Verum quasi adfuerim tamen simulabo atque audita eloquar. 200
Sed quo modo et uerbis quibus me deceat fabularier,
Prius ipse mecum etiam uolo hic meditari: sic hoc proloquar.
Principio ut illo aduenimus, ubi primum terram tetigimus,
Continuo Amphitruo delegit uiros primorum principes.
Eos legat; Telobois iubet sententiam ut dicant suam: 205
Si sine ui et sine bello uelint rapta et raptores tradere,
Si quae asportassent redderent, se exercitum extemplo domum
Reducturum, abituros agro Argiuos, pacem atque otium
Dare illis; sin aliter sient animati neque dent quae petat,
Sese igitur summa ui uirisque eorum oppidum oppugnassere. 210

e com trabalho este ônus devem guardar e aguentar. 175

ME Sou eu quem deveria lamentar assim:
hoje mesmo eu era livre,
e agora sujeitou-me à escravidão meu pai;
mas este aí, que nasceu doméstico, é quem se queixa.

<canticum – rec. ia8>

SO Por certo sou um servo ousado: me veio à mente, ainda há pouco 180
enquanto vinha, agradecer aos deuses pelas graças ganhas?
Por Pólux!, se o prêmio cabido eles quiserem me entregar,
que não enviem um sujeito pra amassar, e bem, meu rosto
por ter cuidado ingratas e vãs as coisas boas que me deram.

ME Pois faz o que em geral não fazem: conhece aquilo que merece. 185

SO O que eu jamais imaginei, nem outro cidadão qualquer
achou possível, ocorreu: salvos, gozamos nosso lar;
vencidos os rivais, voltamos, legiões vencedoras, pra casa,
extinto o grandioso prélio e assassinados os rivais.
Porque impôs a nós tebanos muitos e amargos funerais, 190
com força e brio batemos tropas e assaltamos a cidade,
seguindo as ordens e o auspício do meu senhor Anfitrião.
Espólios e campos e glórias aos seus compatriotas deu,
do rei dos tebanos, Creonte, consolidando mais o reino.
Mandou-me vir do porto aqui pra contar isso à sua esposa: 195
que a república ele guiou com liderança, auspício e arbítrio.
Agora vou pensar no modo de contar assim que eu lá chegar.
E se eu contar uma mentira, meu hábito e costume eu sigo,
pois quando lutavam com força, então eu fugia com força.
Então, como estivesse vendo, eu finjo e falo o que eu ouvi. 200
Mas de que modo e que palavras eu devo usar pra fabular
primeiro aqui comigo, então, eu penso: e assim eu falarei.
No início, quando lá chegamos e naquelas terras tocamos,
varões de vulto dentre os sumos logo escolheu Anfitrião,
e a eles mandou que dissessem aos teléboas sua proposta: 205
se nos quisessem entregar sem guerra saque e saqueadores,
se o que levaram devolvessem, logo com exército pra casa
voltava, os Argivos os campos deixavam e a paz e a calma
a eles dava; se, indispostos, não cedessem a seus pedidos,
com suma força, ele e seus homens tomariam sua cidade. 210

Haec ubi Telobois ordine iterarunt quos praefecerat
Amphitruo, magnanimi uiri freti uirtute et uiribus
Superbe nimis ferociter legatos nostros increpant;
Respondent bello se et suos tutari posse, proinde uti
†Propere de suis finibus exercitus deducerent.   215
Haec ubi legati pertulere, Amphitruo castris ilico
Producit omnem exercitum; contra Teloboae ex oppido
Legiones educunt suas nimis pulcris armis praeditas.

Postquam utrimque exitum est maxima copia,
Dispertiti uiri, dispertiti ordines: 220
Nos nostras more nostro et modo instruximus
Legiones; item hostes contra legiones suas instruunt.
Deinde utrique imperatores in medium exeunt,
Extra turbam ordinum colloquuntur simul.
Conuenit, uicti utri sint eo proelio,   225
Vrbem, agrum, aras, focos seque uti dederent.
Postquam id actum est, tubae †utrimque canunt contra;
Consonat terra, clamorem utrimque efferunt.
Imperator utrimque hinc et illinc Ioui
Vota suscipere, <utrimque> hortari exercitum.   230
Pro se quisque id quod quisque <et> potest et ualet
Edit, ferro ferit; tela frangunt; boat
Caelum fremitu uirum, ex spiritu atque anhelitu
Nebula constat; cadunt uulner*um* ui uir*i*.
Denique ut uoluimus, nostra superat manus: 235
Hostes crebri cadunt; nostri contra ingruunt.
    Vicimus ui feroces.
Sed †fugam in se tamen nemo conuortitur
Nec recedit loco quin statim rem gerat;
Animam amittunt prius quam loco demigrent: 240
Quisque ut steterat, iacet optinetque ordinem.
Hoc ubi Amphitruo erus conspicatus est,
Ilico equites iubet dextera inducere.
Equites parent citi, ab dextera maximo
Cum clamore inuolant, impetu alacri;   245
Foedant et proterunt hostium copias

Quando aos teléboas repetiram as instruções de Anfitrião,
os nobres homens, na virtude e nos valores confiando,
com fúria excessiva e soberba afrontaram nossos enviados;
que podem com guerra escudar a si e aos seus nos responderam,
que, então, sem demora, tirássemos de suas fronteiras o exército. 215
Quando isso os enviados falaram, depressa Anfitrião, do castro,
o exército inteiro avançou; da cidade, então, os teléboas
as suas legiões conduziram, de mui belas armas munidas.

<*canticum* – canção>

Tropas esplêndidas vão se movendo de ambos os lados;
são divididos os homens e são divididas as ordens. 220
nós instruímos as nossas da nossa maneira e costume;
os inimigos instruem as suas da sua maneira.
Os comandantes de ambos os lados caminham pro centro;
longe da turba das ordens, sozinhos conversam conjuntos.
Juntos decidem que os homens vencidos durante a batalha 225
vão se render e entregar a cidade, as famílias e altares.
Feito o tratado retumbam trombetas por todos os postos,
súplicas surgem de ambos os lados e a terra ressoa.
Os comandantes, tementes, elevam seus votos a Júpiter;
ambos, de lá e de cá, encorajam e exortam o exército. 230
Cada soldado demonstra os seus dotes e a sua coragem;
ferem com ferro, se fendem as flechas; o céu estrondeia
com o rugido dos homens. Do alento e do fôlego deles
surge uma nuvem; os homens desabam com a força dos golpes.
Como queríamos, nossas espadas no fim predominam: 235
nossos rivais, que tombavam frequentes, ali massacramos.
     Nós superamos na força os ferozes.
Homem nenhum, entretanto, é capaz de fugir ou virar-se,
nem haverá quem dali, sem lutar firmemente, recue.
Antes deixar escapar seu espírito ao posto entregar: 240
todos jaziam no próprio lugar conservando as fileiras.
Anfitrião, percebendo que homens lutavam parados,
aos cavaleiros ordena que cubram o flanco direito.
Os cavaleiros depressa aparecem e ganham a destra:
bradam com força, e com grande furor à batalha se lançam; 245
matam, mutilam e, com a justiça ao seu lado, derrotam

Iure iniustas.

ME. Numquam etiam quicquam adhuc uerborum est prolocutus perperam;
Namque ego fui illic in re praesenti et meus, cum pugnatum est, pater.
SO. Perduelles penetrant se in fugam; ibi nostris animus additust.   250
Vortentibus Telobois telis complebantur corpora,
Ipsusque Amphitruo regem Pterelam sua | obtruncauit manu.

Haec illic est pugnata pugna | usque a mani ad uesperum:
Hoc adeo hoc commemini magis, quia illo die inpransus fui.

Sed proelium id tandem diremit nox interuentu suo.   255
Postridie in castra ex urbe ad nos ueniunt flentes principes,
Velatis manibus orant, ignoscamus peccatum suum:
Deduntque se, diuina humanaque omnia, urbem et liberos
In dicionem atque in arbitratum cuncti Thebano poplo.
Post ob uirtutem ero Amphitruoni patera donata aurea *est*   260
Qui Pterela potitare solitus est rex. Haec sic dicam erae.
Nunc pergam eri imperium exequi et me domum capessere.

ME. Attat, illic huc ituru*s*t; ibo ego illi<c> obuiam,
Neque ego huc hominem | hodie ad aedis has sinam unquam accedere.
Quando imago est huius in me, certum est hominem eludere.   265
Et enim uero quoniam formam cepi huius in me<d> et statum,
Decet et facta moresque huius habere me simil*i*s item.
Itaque me malum esse oportet, callidum, astutum admodum,
Atque hunc telo suo sibi, malitia, a foribus pellere.
Sed quid illuc est? Caelum aspectat. Obseruabo quam rem agat.   270
SO. Certe edepol [scio], si quicquamst aliud qu*o*d credam aut certo sciam,
Credo ego hac noctu Nocturnum * obdormisse ebrium,
Nam neque se Septentriones quoquam in caelo commouent,
Neque se Luna quoquam mutat atque uti exorta est semel,
Nec Iugulae neque Vesperugo neque Vergiliae | occidunt.   275
Ita statim stant signa, neque nox quoquam concedit die.
ME. Perge, Nox, ut occepisti; gere patri morem meo.
Optumo optume optumam operam das, datam pulchre locas.
SO. Neque ego hac nocte longiorem me uidisse censeo

todas as filas dos nossos rivais.

<*canticum* – rec. ia8>

ME Nenhuma, pois, destas palavras foi dita aqui erroneamente:
estava eu lá com o pai presente, pois, enquanto combatiam.

SO Se põem em fuga os oponentes; isso aumenta a fúria dos nossos. 250
Enquanto fogem, nossas flechas cobrem os corpos dos teléboas.
E então Anfitrião com as mãos decapitou o rei Ptérelas.

<*canticum* – rec. tr7>

Essa foi a luta ali lutada, da aurora até o entardecer:
disso lembro muito bem, pois não jantei naquele dia.

<*canticum* – rec. ia8>

A noite, porém, com seu lapso, por fim interrompeu a luta. 255
Ao castro, no outro dia, vêm os chefes da cidade chorando,
de mãos unidas nos rogando que esqueçamos sua ofensa,
e a eles mesmos, bens divinos e humanos, filhos e cidade,
tudo, à autoridade e à vontade entregam do povo tebano.
Por sua honra, feita em ouro, a Anfitrião dão uma taça
em que seu rei sempre bebia. Assim direi à minha ama. 260
Agora, sigo o rumo e cumpro a ordem. Parto para casa.

<*canticum* – rec. tr7>

ME Olha! O homem vem até aqui; eu vou ao seu encontro:
nunca que eu deixo o homem entrar nesta casa ainda hoje.
Tendo em mim sua imagem, com certeza engano o homem. 265
Certo é que, se eu peguei pra mim seu posto e a forma,
posso ter também os modos e os costumes tais os seus.
Sendo, então, velhaco, esperto e astuto tanto quanto ele,
mando-o pra longe com a malícia, a sua própria arma.
Ora, o que faz? Está olhando o céu. Vou ver o que se passa. 270

SO Pólux! Certamente, se algo há que eu creia ou saiba ao certo,
nessa noite, eu quero achar, Noturno foi dormir bebaço:
nem se movem as Setentrionais pra algum local do céu,
nem se muda a lua, e continua no lugar em que nasceu,
nem se põem as Plêiades, ou Órion muito menos Vésper. 275
Hirtos estão os astros, e a noite não concede espaço ao dia.

ME Fica, Noite, como está; cumpre os desejos do meu pai.
Dando ao bondoso, bondosa, bondades, terás belos prêmios.

SO Creio eu que nunca tenha visto noite assim tão longa,

Nisi | item unam, uerberatus quam pependi perpetem; 280
Eam quoque edepol etiam multo haec uicit longitudine.
Credo edepol equidem dormire Solem, atque adpotum probe.
Mira sunt nisi inuitauit sese in cena plusculum.

ME. Ain uero, uerbero? Deos esse tui similis putas?
Ego pol te istis tuis pro dictis et malefactis, furcifer, 285
Accipiam; modo sis ueni huc, inuenies infortunium.

SO. Vbi sunt isti scortatores, qui soli inuiti cubant?
Haec nox scita est exercendo scorto conducto male.

ME. Meus pater nunc pro huius uerbis recte et sapienter facit,
Qui complexus cum Alcumena cubat amans, animo opsequens. 290

SO. Ibo ut erus quod imperauit Alcumenae nuntiem.
Sed quis hic est homo, quem ante aedis uideo hoc noctis? Non placet.

ME. Nullust hoc metuculosus aeque.

SO.   *M*i in mentem uenit,
Illic homo <hodie> hoc denuo uolt pallium detexere.

ME. Timet homo: deludam ego illum.

SO.   Perii, dentes pruriunt; 295
Certe aduenientem hic me hospitio pugne<o> accepturus est.
Credo, misericors est: nunc propterea quod me meus erus
Fecit ut uigilarem, hic pugnis faciet hodie ut dormiam.
Oppido interii. Obsecro hercle, quantus et quam ualidus est!

ME. Clare a<d>uorsum fabulabor, †hic auscultet quae loquar: 300
Igitur magis †modum m<ai>orem in sese concipiet metum.
Agite, pugni; iam diu est quod uentri uictum non datis.
Iam pridem uidetur factum, heri quod homines quattuor
In soporem collocastis nudos.

SO.   Formido male
Ne ego hic nomen meum commutem et Quintus fiam e Sosia. 305
Quattuor *u*iros sopori se dedisse hic autumat:
Metuo ne numerum augeam illum.

ME.   Em, nunciam ergo sic *u*olo.

SO. Cingitur; certe expedit se.

ME.   Non feret quin uapulet.

SO. Quis homo?

ME.   Quisquis homo huc profecto uenerit, pugnos edet.

SO. Apage, non placet me hoc noctis esse: cenaui modo; 310

salvo uma em que, sem dó, fui pendurado e destroçado;   280
Pólux! Mesmo aquela esta vence em duração de muito longe.
Acho que o Sol, por Pólux, com certeza está dormindo bêbado;
não me espanta ter-se esbaldado um pouco a mais na janta.

ME É verdade, verme? Acaso vês nos deuses teus iguais?
Pelo que falaste e fizeste, por Pólux, praga, eu te acolho!   285
Basta que venhas até aqui e vais encontrar teu infortúnio.

SO Esses indecentes que só se deitam à força, onde estão?
Esta noite é bem propícia ao gasto com uma puta das baratas.

ME Ora meu pai faz sábia e propriamente tal teu discurso,
já que está deitado com Alcmena, amando como bem deseja.   290

SO Sigo e vou narrar à ama o que ordenou o meu senhor.
Quem é este em frente à casa a essa hora? Não estou gostando...

ME Não existe alguém tão frouxo.

SO   Veio à minha mente:
hoje mesmo este homem vai querer tecer meu pálio novamente.

ME Ele teme: vou iludi-lo.

SO   Morri! Meu queixo treme!   295
Este aí vai ser, certeza, bem cortês e vai me receber com punhos.
Creio que ele deve ser clemente: e agora, porque o meu senhor
fez que eu vigilasse, com seu punho vai fazer que hoje eu durma.
Eis meu fim! Por Hércules, eu peço: como é tão grande e forte!

ME Claro eu vou falar, de frente, pra que escute o que digo: 300
dessa forma, então, incito nele um medo ainda bem maior.
Ide, punhos, pois há tempos não provedes víveres ao ventre!
Desde que botastes ontem pra dormir pelados quatro homens,
já passou bastante tempo.

SO   Eu temo que, pro meu azar,
tenha que mudar meu nome e, de Sósia, eu passe a Quinto.   305
Quatro homens afirma que ele mesmo deu, pelados, ao sono.
Tenho medo de aumentar a conta.

ME   Isso, assim eu gosto!

SO Arma-se: ajeita o punho!

ME   Não vai ficar sem surra!

SO Quem?

ME   Quem vier aqui degustará meus punhos!

SO Sai de mim! Não gosto de comer tão tarde: eu já jantei.   310

Proin tu istam cenam largire, si sapis, esurientibus.

ME. Haud malum huic est pondus pugno.

SO. Perii, pugnos ponderat.

ME. Quid, si ego illum tractim tangam, ut dormiat?

SO. Seruaueris:
Nam continuas has tris noctes peruigilaui.

ME. Pessumest.
Facimus nequiter; ferire malam male discit manus. 315
Alia forma <os> esse oportet, quem tu pugno legeris.

SO. Illic homo me interpolabit meumque os finget denuo.

ME. Exossatum os esse oportet, quem probe percusseris.

<SO.> Mirum ni hic me quasi murenam exossare cogitat.
Vltro istu<n>c qui exossat homines! Perii, si me aspexerit. 320

ME. Olet homo quidam malo suo.

SO. Ei, numnam ego obolui?

ME. Atque haud longe abesse oportet, uerum longe hinc afuit.

<SO.> Illic homo superstitiosust.

ME. Gestiunt pugni mihi.

<SO.> Si in me exerciturus, quaeso in parietem ut primum domes.

ME. Vox mi ad auris aduolauit.

SO. Ne ego homo infelix fui, 325
Qui non alas interuelli: uolucrem uocem gestito.

ME. Illic homo a me sibi malam rem arcessit iumento suo.

SO. Non equidem ullum habeo iumentum.

ME. Onerandus est pugnis probe.

SO. Lassus sum hercle e naui ut uectus huc sum; etiam nunc nauseo.
Vix incedo inanis, ne ire posse cum onere existimes. 330

ME. Certe enim hic nescioquis loquitur.

SO. Saluus sum, non me uidet;
'Nescioquem' loqui autumat; mihi certo nomen Sosiaest.

ME. Hinc enim mihi dextra uox auris, ut uidetur, uerberat.

SO. Metuo uocis ne uice<m> hodie hic uapulem, quae hunc uerberat.

ME. Optume eccum incedit ad me.

SO. Timeo, totus torpeo. 335
Non edepol nunc ubi terrarum sim scio, siquis roget,
Neque miser me commouere possum prae formidine.

Esta mesma janta, se tens senso, dá então a quem tem fome.

ME Nada mau o peso deste punho.

SO   Morri: pesa os punhos!

ME Devo bater bastante, até que durma?

SO   Assim, ajudas,
já que há três noites eu não prego os olhos.

ME   Mas que coisa feia!
Como agimos mal: minha mão é muito ruim moendo maxilares.   315
Outra forma é necessária à face que, com os punhos, tu atinges.

SO Este homem vai me pôr em obras e ajustar a minha fuça.

ME Vai ficar sem osso o rosto em que você bater com gosto.

SO Não me espanta se tirar-me a espinha como a uma moreia.
Este aí desossa homens por vontade própria! Se me acha, morro.   320

ME Sinto o cheiro de um homem!

SO   Soltei algum cheirinho?

ME Longe não deve estar, mas certamente veio para cá de longe.

SO Este aí é bruxo.

ME   Os meus punhos estão descontrolados!

SO Caso queiras me usar pra sossegá-los, doma-os antes na parede.

ME Voa aos meus ouvidos uma voz.

SO   Mas não sou um infeliz?   325
Só porque não dei um jeito em minha asa, tenho uma voz que voa.

ME Pois então que o burro leve a carga de socos que eu vou dar.

SO Burro? Não tenho nenhum burro.

ME   Deve aguentar uns punhos.

SO Hércules! Estou cansado! Vim pra cá de barco e ainda sinto náuseas!
Vir assim vazio já foi difícil, então não pense que eu possa andar carregado! 330

ME Tem um não sei quem falando aqui.

SO   'Tô salvo, não me viu:
diz que o "Nãoseiquem" está falando, e meu nome com certeza é Sósia.

ME Canta-me uma voz aqui no meu ouvido da direita, parece.

SO Temo que, ao invés de a voz cantar ali, o açoite cante aqui.

ME Muito bem! Ele vem pra mim.

SO   Temo e tremo inteiro!   335
Eu nem sei, por Pólux, onde nessa terra estou se me perguntam,
ai de mim!, nem posso me mover assim com tanto medo.

Ilicet: mandata eri perierunt una et Sosia.

Verum certum est confidenter hominem contra conloqui,

[Igitur] Qui possim uideri huic fortis, a me ut abstineat manum.   340

ME. Quo ambulas tu, qui Vulcanum in cornu conclusum geris?

SO. Quid id exquiris tu, qui pugnis os exossas hominibus?

ME. Seruusne <es> an liber?

SO.   Vtcumque animo conlibitum est meo.

ME. Ain uero?

SO.   Aio enim uero.

ME.   Verbero!

SO.   Mentiris nunc.

ME. At iam faciam ut uerum dicas dicere.

SO.   Quid eo est opus?   345

ME. Possum scire, quo profectus, cuius sis, aut quid ueneris?

SO. Huc eo |, eri sum seruus. Numquid nunc es certior?

ME. Ego tibi istam hodie, sceleste, comprimam linguam.

SO.   Haud potes:

Bene pudiceque adseruatur.

ME.   Pergin argutarier?

Quid apud hasce aedis negoti est tibi?

SO.   Immo quid tibi est?   350

ME. Rex Creo uigiles nocturnos singulos semper locat.

SO. Bene facit: quia nos eramus peregri, tutatust domi.

At nunc abi sane, aduenisse familiaris dicito.

ME. Nescio quam tu familiaris sis; nisi actutum hinc abis,

Familiaris, accip<i>ere faxo haud familiariter.   355

SO. Hic, inquam, habito ego atque horunc seruus sum.

ME.   At scin quo modo?

Faciam ego hodie te superbum, nisi hinc abis.

SO.   Quonam modo?

ME. Auferere, non abibis, si ego fustem sumpsero.

SO. Quin me<d> esse huius familiai familiarem praedico.

ME. Vide sis quam mox uapulare uis, nisi actutum hinc abis.   360

SO. Tun domo prohibere peregre me aduenientem postulas?

ME. Haeccine tua domust?

SO.   Ita inquam.

ME.   Quis erus est igitur tibi?

É o fim! Assim se acabam, de uma só vez, Sósia e o relato.
Cabe a mim, porém, sem medo, conversar com o homem;
vai que assim pareço forte e ele priva suas mãos de mim.   340

ME Ei, pra onde vais trazendo Vulcano preso nesse chifre?

SO Tu, que por aí desossa rostos, diz o que estás querendo.

ME Homem livre ou escravo?

SO   Aquilo que agradar meu ânimo.

ME É verdade?

SO   É verdade.

ME   Canalha!

SO   Agora, mente.

ME Vou fazer que digas que eu digo a verdade.

SO   Mas por quê?   345

ME Podes me dizer pra onde vais, por que vieste e a quem pertences?

SO Venho aqui por ordem do senhor de quem sou servo. Serve isso?

ME Hoje a tua boca vai fazer o que eu quiser, safado.

SO   Não pode:
bem guardada a trago, e com pudor.

ME   Ainda estás tagarelando?
Diz: qual teu interesse nesta casa?

SO   Não, diz-me tu, qual o teu?   350

ME Nosso rei Creonte sempre escolhe alguém pra ser vigia à noite.

SO Muito bem: porque nós estivemos fora, vigiaste as casas.
Parte, então, tranquilo, e seja dito que os de casa vêm chegando.

ME Quão de casa és, não sei, mas se agora mesmo não saíres,
sem qualquer acolhida caseira, ô de casa, eu vou te receber.   355

SO Moro aqui e daqui sou escravo, garanto.

ME   Queres saber?
Caso não te mandes, tu irás em um cortejo hoje.

SO   E como?

ME Vais deitado, e não de pé, se eu puder pegar um pau!

SO Pois eu digo que de fato moro nessa casa, eu sou daí.

ME Vejas logo o quanto vais levar se agora mesmo não sumires.   360

SO Pensas em vetar que eu, vindo de longe, entre em casa?

ME Esta é tua casa?

SO   Sim.

ME   Quem é o teu senhor?

SO. Amphitru*o*, qui nunc praefectu*s*t Thebanis legionibus,
Quicum nupta est Alcumena.

ME.   Quid ais? Quid nomen tibi est?

<SO> Sosiam uocant Thebani, Dauo prognatum patre.   365

ME. Ne tu istic hodie malo tuo compositis mendaciis
Aduenisti, aud*acia*i columen, consutis dolis.

SO. Immo equidem tunicis consutis huc aduenio, non dolis.

ME. At mentiris etiam: certo pedibus, non tunicis uenis.

SO. Ita profecto.

ME.   Nunc profecto uapula ob mend*a*cium.   370

SO. Non edepol uolo profecto.

ME.   At pol profecto ingrati*i*s.
Hoc quidem 'profecto' certum est, non est arbitrarium.

SO. Tuam fidem obsecro!

ME.   Tun te audes Sosiam esse dicere,
Qui ego sum?

SO.   Perii.

ME.   Parum etiam, praeut futurum est, praedicas.
Quoius nunc es?

SO.   Tuus, nam pugnis usu fecisti tuum.   375
Pro fide*m*, Thebani ciues!

ME.   Etiam clamas, carnufex?
*L*oquere, quid uenisti?

SO.   Vt esset, quem tu pugnis c*a*ederes.

ME. *C*uius es?

SO.   Amphitru*o*nis, inquam, Sosia.

ME.   Ergo istoc magis,
Quia uaniloquu's, uapulabis. Ego sum, non tu, Sosia.

SO. Ita di faciant, ut tu potius sis atque ego te ut uerberem!   380

ME. Etiam muttis?

SO.   Iam tacebo.

ME.   Quis tibi eru*s*t?

SO.   Quem tu uoles.

ME. Quid igitur? Qui nunc uocare?

SO.   Nemo nisi quem iusseris.

ME. Amphitru*o*nis te esse aiebas Sosiam.

SO.   Peccaueram:

SO É Anfitrião, que agora está comandando legiões tebanas,
o homem que casou com Alcmena.

ME O que dizes? Qual teu nome?

SO Sósia me chamam os tebanos, um descendente de Davo, meu pai.   365

ME Hoje causas teu próprio mal vindo cheio de mentiras prontas,
poço de audácias, chegando aqui com este papinho furado.

SO Venho, na verdade, com a túnica furada, e não com o papo.

ME Mentes outra vez, pois vieste com os pés, não com a túnica.

SO Isso é certo.

ME Agora, e isso é certo, apanhas por mentir.   370

SO Pólux! Isso, é certo, não quero.

ME Mas, por Pólux, isso é certo.
Certamente e sem dúvidas, isso é certo, e não vais ter escolha.

SO Peço tua boa fé.

ME Então tu ousas dizer que és Sósia,
que sou eu?

SO Morri!

ME Dizes pouco perto do que virá.
Outra vez: a quem pertences?

SO A tu, que me tomaste com os punhos!   375
Povo de Tebas, ajudai-me!

ME E agora gritas, desgraçado?
diz: vieste por quê?

SO Pra teres em quem sentar os punhos.

ME Teu senhor?

SO Sou Sósia de Anfitrião, já disse.

ME Mais,
já que tu és um mentiroso, mais vais apanhar! Eu sou Sósia, não tu.

SO Pois que os deuses façam isso, e assim sou eu quem vai bater.   380

ME Inda murmuras?

SO 'Tô quietinho.

ME Quem é teu senhor?

SO Quem quiseres.

ME Qual teu nome?

SO Se não me deres nenhum, Ninguém.

ME Tu dizias ser o Sósia, de Anfitrião.

SO Isso foi um erro:

Nam 'Amphitru̯onis socium' †neme esse uolui dicere.

ME. Sc*i*bam equidem nullum esse nobis nisi me seruum Sosiam.   385
Fugit te ratio.

SO.   Vtinam istuc pugni fecissent tui!

ME. Ego sum Sosia ille, quem tu dudum esse aiebas mihi.

SO. Obsecro ut per pacem liceat te alloqui, ut ne uapulem.

ME. Immo indutiae parumper fiant, si quid uis loqui.

SO. Non loquar nisi pace facta, quando pugnis plus uales.   390

ME. Di*c* si quid uis: non nocebo.

SO.   Tuae fidei credo?

ME.   Meae.

SO. Quid si falles?

ME.   Tum Mercurius Sosiae iratus siet.

SO. Animum aduorte: nunc licet mihi libere quiduis loqui.
Amphitru̯onis ego sum seruos Sosia.

ME.   Etiam denuo?

SO. Pacem feci, foedus feci, uera dico.

ME.   Vapula.   395

SO. Vt libet, quid tibi libet fac, quoniam pugnis plus uales.
Verum, utut es facturus, hoc quidem hercle haud reticebo tamen.

ME. Tu me uiuus hodie numquam facies quin sim Sosia.

SO. Certe edepol tu me alienabis numquam quin noster siem;
Nec nobis praeter me<d> alius quisquam est seruus Sosia.   400
†Qui cum Amphitru̯one hinc una ieram in exercitum.

ME. Hic homo sanus non est.

SO.   Quod mihi praedicas uitium, id tibi est.
Quid, malum, non sum ego seruus Amphitru̯onis Sosia?
Nonne hac noctu nostra nauis ★ ex portu Persico
Venit, quae me aduexit? Nonne me huc erus misit meus?   405
Nonne ego nunc sto ante aedes nostras? Non mihi est lanterna in manu?
Non loquor? Non uigilo? Nonne hic homo modo me pugnis contudit?
Fecit hercle: †nam etiam misero nunc malae dolent.
Quid igitur ego dubito? Aut cur non intro eo in nostram domum?

ME. Quid, domum uostram?

SO.   Ita enim uero.

ME.   Quin quae dixisti modo   410
Omnia ementitu's: equidem Sosia Amphitru̯onis sum.

"sócio de Anfitrião": foi isso, na verdade, que eu queria ter dito.

ME Sempre soube que nenhum de nós seria Sósia fora eu. 385
Foi engano teu.

SO Quem dera fosse engano dos teus punhos.

ME Eu sou Sósia, quem tu, ainda há pouco, declaravas ser.

SO Peço que me deixes falar em meio à paz, que não me batas.

ME Acho que uma trégua, se acaso tu quiseres falar, é melhor.

SO Sem que exista paz, não falo, pois te sais melhor nos punhos. 390

ME Fala, se quiseres; não vou ser mau.

SO Dá tua palavra?

ME A minha sim!

SO Caso mintas...

ME Que a ira de Mercúrio caia sobre Sósia!

SO Pensa bem, pois assim sou livre pra falar o que eu quiser.
Sou o Sósia escravo de Anfitrião.

ME De novo? Ainda nessa?

SO Fiz a paz, fiz um pacto, falo a verdade.

ME E ganhas pau. 395

SO Faça o que quiseres e como bem quiseres, pois nos punhos ganhas;
seja lá o que fizeres, certamente eu não me vou calar, por Hércules!

ME Hoje, estando eu vivo, não farás com que eu não seja o Sósia.

SO Tu, por Pólux!, nunca vais me alienar a quem não seja nosso;
não existe, salvo eu, um outro escravo Sósia entre nós melhor que eu, 400
eu, que parti desta casa pro exército com meu senhor Anfitrião.

ME Esse cara não 'tá bom.

SO O mal que me atribuis é teu.
Como eu não sou Sósia, ô seu malvado, o escravo de Anfitrião?
Nossa nau, a que me trouxe, não chegou do porto pérsico
hoje à noite? Por acaso o meu senhor não me enviou aqui? 405
'Tô parado aqui ou não? Tenho um lampião na mão ou não?
'Tô falando? 'Tô desperto? Não fui sovado agora há pouco?
Fui! Por Hércules que fui! A minha boca ainda 'tá doendo...
Mas por que duvido, então? Por que não entro logo em casa?

ME Nesta casa?

SO Isso mesmo.

ME Veja, disso que você falou, 410
tudo é invenção: sem dúvidas, sou eu o Sósia de Anfitrião.

Nam noctu hac soluta est nauis nostra e portu Persico,
Et ubi Pterela rex regnauit oppidum expugnauimus,
Et legiones Teloboarum ui pugnando cepimus,
Et ipsus Amphitruo optruncauit regem Pterelam in proelio.   415

SO. Egomet mihi non credo, cum illaec autumare illum audio:
Hicquidem certe quae illic sunt res gestae memorat memoriter.
Sed quid ais? Quid Amphitruoni <doni> a Telobois datum est?

ME. Pterela rex qui potitare solitus est patera aurea.

SO. Elocutus est. Vbi patera nunc est?

ME.   * In cistula,   420
Amphitruonis obsignata signo est.

SO.   Signi dic quid est?

ME. Cum quadrigis Sol exoriens. Quid me captas, carnufex?

SO. Argumentis uicit: aliud nomen quaerundum est mihi.
Nescio unde haec hic spectauit. Iam ego hunc decipiam probe.
Nam quod egomet solus feci nec quisquam alius affuit,   425
In tabernaclo, id quidem hodie numquam poterit dicere.
Si tu Sosia es, legiones cum pugnabant maxume,
Quid in tabernaclo fecisti? Victus sum, si dixeris.

ME. Cadus erat uini: inde impleui hirneam.

SO.   Ingressust uiam.

ME. Eam ego, ut matre fuerat natum, uini | eduxi meri.   430

SO. Factum est illud, ut ego illic uini hirneam ebiberim meri.
Mira sunt nisi latuit intus illic in illac hirnea.

ME. Quid nunc? Vincon argumentis, te non esse Sosiam?

SO. Tu negas med esse?

ME.   Quid ego ni negem, qui egomet siem?

SO. Per Iouem iuro med esse neque me falsum dicere.   435

ME. At ego per Mercurium iuro tibi Iouem non credere:
Nam iniurato, scio, plus credet mihi quam iurato tibi.

SO. Quis ego sum saltem, si non sum Sosia? Te interrogo.

ME. Vbi ego Sosia nolim esse, tu esto sane Sosia.
Nunc quando ego sum, uapulabis, ni hinc abis, ignobilis.   440

SO. Certe edepol, quom illum contemplo et formam cognosco meam,
Quem ad modum ego sum – saepe in speculum inspexi –, nimis similest mei.
Itidem habet petasum ac uestitum; tam consimilest atque ego.
Sura, pes, statura, tonsus, oculi, nasum uel labra,

Hoje à noite, uma de nossas naus partiu do porto pérsico;
nós tomamos a cidade em que reinava o rei Ptérelas;
nós lutamos com furor e derrotamos legiões teléboas;
nosso Anfitrião decapitou, por si, o rei Ptérelas na luta.   415

SO Nem eu mesmo creio em mim ouvindo este aí contando isso.
Certamente ele recorda, e de cor, as coisas que por lá se deram.
Vamos lá. Então me diz: o que os teléboas deram para Anfitrião?

ME Uma taça feita em ouro em que seu rei bebericava sempre.

SO Ele disse! E onde a taça está agora?

ME   Num cestinho,   420
bem lacrado com o selo de Anfitrião.

SO   Diz: e como é o selo?

ME Queres me pegar, safado? O Sol surgindo em sua quadriga.

SO Vences com argumentos. Tenho que buscar um outro nome.
Onde soube disso, eu não sei, mas eu vou pegá-lo agora mesmo,
pois aquilo que sozinho eu mesmo fiz, e sem ninguém por perto, 425
dentro da barraca, isso ele nunca poderá dizer-me hoje.
Se és mesmo Sósia, enquanto as legiões lutavam com força,
diz então o que fazias na barraca. Caso digas, me vences.

ME Tinha vinho num barril: enchi um copo e…

SO   'Tá no caminho.

ME … dei à luz o vinho como se da mãe nascesse: purinho.   430

SO Foi assim! Foi como esvaziei o copo com vinho puro.
Não seria estranho se ele mesmo se escondesse naquele copo.

ME Pois então eu te convenço assim de que tu não és Sósia?

SO Negas que eu seja?

ME   Mas se sou eu, como não negar?

SO Juro aqui, por Jove, que sou eu e que eu não 'tô mentindo.   435

ME Jove não acredita em ti, eu juro por Mercúrio.
Sei que ele acredita mais em mim sem juras que em ti jurando.

SO Seja como for, me diz: quem sou eu, se eu não sou Sósia?

ME Quando eu não quiser mais ser o Sósia, tu, então, vais ser.
Já que eu sou, então, te parto em dois se não saíres daqui, safado. 440

SO Quando o vejo e, por Pólux!, reconheço a minha forma,
todo como eu sou – eu me olho no espelho –, parece muito comigo.
Tem iguais a roupa e meu chapéu; parece eu mais que eu mesmo.
Pernas, pés, altura, cabelos, olhos, fuça, bochecha e boca,

Malae, mentum, barba, collus, totus. Quid uerbis opust? 445
Si tergum cicatricosum, nihil hoc similist similius.
Sed quom cogito, equidem certo idem sum qui semper fui.
Noui erum, noui aedis nostras; sane sapio et sentio.
Non ego illi obtempero quod loquitur; pultabo foris.
ME. Quo agis te?
SO.   Domum.
ME.   Quadrigas si nunc inscendas Iouis 450
Atque hinc fugias, ita uix poteris effugere infortunium.
SO. Nonne erae meae nuntiare quod erus meus iussit licet?
ME. Tuae si quid uis nuntiare; hanc nostram adire non sinam.
Nam si me inritassis, hodie lumbifragium hinc auferes.
SO. Abeo potius. Di inmortales, obsecro uostram fidem, 455
Vbi ego perii? Vbi inmutatus sum? Vbi ego formam perdidi?
An egomet me illic reliqui, si forte oblitus fui?
Nam hicquidem omnem imaginem meam, quae antehac fuerat, possidet.
Viuo fit quod numquam quisquam mortuo faciet mihi.
Ibo ad portum atque haec ut<i> sunt facta, ero dicam meo: 460
Nisi etiam is quoque me ignorabit. Quod ille faxit Iuppiter,
Vt ego | hodie raso capite caluus capiam pilleum.

queixo, barba, colo, o corpo inteiro! O que eu posso falar? 445
Caso às costas traga cicatrizes, nenhuma semelhança é mais semelhante.
Quando eu penso, porém, certamente sou quem sempre fui.
Sei o meu senhor e a nossa casa; certamente eu sei e sinto.
Pois não vou me sujeitar ao que ele diz. Vou bater à porta.

ME Vais aonde?

SO　　　　Pra casa.

ME　　　　　　Mesmo que à quadriga de Jove 450
subas e fujas daqui, ainda assim dificilmente tu escapas da desgraça.

SO Vou poder narrar à minha ama o que mandou meu amo?

ME Narra à tua o que quiseres; não vou deixar que vás até a nossa.
Caso tu me irrites, hoje ainda sai daqui com uma rimptura[1].

SO Vou, é melhor. Ó deuses imortais, imploro o vosso auxílio! 455
Quando morri? Quando fui mudado? Onde perdi a minha forma?
Fui eu mesmo que me abandonei por lá? Será que eu me esqueci?
Esse aí tem toda aquela imagem que foi minha até agora.
Vivo, eu passo por aquilo que nem mesmo um morto passaria.
Vou até o porto e vou contar os fatos para o meu senhor: 460
salvo se ele também me ignorar. Tomara tenha feito isso Jove,
pois então eu hoje raspo o meu cabelo à calva e visto o píleo[2].

MERCVRIVS

Bene prospere[que] hoc hodie operis processit mihi.
Amoui a foribus maximam molestiam,
Patri ut liceret tuto illam amplexarier.   465
Iam ille illuc ad erum cum Amphitruonem aduenerit,
Narrabit seruum hinc sese a foribus Sosiam
Amouisse; ille adeo illum mentiri sibi
Credet neque credet huc profectum, ut iusserat.
Erroris ambo ego illos et dementiae   470
Complebo atque omnem | Amphitruonis familiam,
Adeo usque satietatem dum capiet pater
Illius quam amat: igitur demum omnes scient
Quae facta. Denique Alcumenam Iuppiter
Rediget antiquam coniugi in concordiam.   475
Nam Amphitruo actutum uxori turbas conciet
Atque insimulabit eam probri. Tum meus pater
Eam seditionem illi in tranquillum conferet.
(Nunc de Alcumena dudum quod dixi minus,
Hodie illa pariet filios geminos duos: 480
Alter decumo post mense nascetur puer
Quam seminatust, alter mense septumo.
Eorum Amphitruonis alter est, alter Iouis.
Verum minori puero maior est pater,
Minor maiori. Iamne hoc scitis quid siet?)   485
Sed Alcumenae | huius honoris gratia
Pater curauit uno ut fetu fieret:
Vno ut labore absoluat aerumnas duas,
Et ne in suspicione ponatur stupri,
Et clandestina ut celetur consuetio.   490
Quamquam, ut iam dudum dixi, resciscet tamen

Arco II

Mercúrio
<diuerbium>

Até agora tudo deu propiciamente certo:
mandei daqui pra longe o nosso mal maior,
e assim o pai vai abraçar tranquilo a moça.   465
E quando aquele lá chegar até o seu senhor,
dirá que foi daqui expulso pelo escravo Sósia
pra longe; ele vai pensar, então, que ele mente
pra ele, que não veio aqui conforme a ordem dele.
De enganos e loucuras, ambos, um e outro,   470
eu vou encher, e toda a casa de Anfitrião,
até a hora que a saciedade tomar meu pai
daquela que ele ama: então vão todos descobrir
o que se deu, e Júpiter então vai devolver
Alcmena e seu marido à velha concordância.   475
Anfitrião vai agitar o povo contra sua esposa
e vai culpá-la de adultério. Meu pai vai reduzir
depois, em calmaria, a sedição do homem.
Alcmena, sobre quem falei um pouco há pouco,
dois filhos gêmeos, hoje, vai trazer à luz: 480
um deles vai nascer, contando da concepção,
após dez meses; o outro vem com sete meses.
Um deles vem de Anfitrião; o outro, de Júpiter.
Com efeito, o pai do mais novinho é o maior;
menor, o do mais velhinho. Acompanharam?   485
Em graça a toda a honra de Alcmena, porém,
meu pai cuidou fazer que o parto seja um só:
assim, com um trabalho, vão-se as duas dores.
Com isso não se dão suspeitas sobre o abuso,
e a sua clandestina relação se torna oculta.   490
Depois, como eu já disse, vai contar a Anfitrião

Amphitr*u*o rem omnem. Quid igitur? Nemo id probro
Profecto ducet Alcumenae: nam deum
Non par uidetur facere, delictum suum
Suamque [ut] culpam expetere in mortalem ut sinat.   495
Orationem comprimam; crepuit foris.
Amphitr*u*o subditiuus eccum exit foras
Cum | Alcumena | uxore usuraria.

IVPPITER   ALCVMENA   MERCVRIVS

IVP. Bene uale, Alcumena, cura rem communem, quod facis,
Atqu*e* inper*ce* quaeso: menses iam tibi esse actos uides.   500
Mihi necesse est ire hinc; uerum quod erit natum tollito.

AL. Quid istuc est, mi uir, negot*i*, quod tu tam subito domo
Abeas?

IVP.   Edepol haud quod tui me neque domi dist*ae*deat;
Sed ubi summus imperator non adest ad exercitum,
Citius quod non facto est usus fit quam quod facto est opus.   505

ME. Nimis hic scitu*st* s*y*cophanta, qui quidem meus sit pater.
Obseruatote ⋆, quam blande mulieri palpabitur.

AL. Ecastor te experior quanti facias uxorem tuam.

IVP. Satin habes, si feminarum nulla est quam aeque diligam?

ME. Edepol ne illa si istis rebus te sciat operam dare,   510
Ego faxim te<d> Amphitr*u*onem esse malis, quam Iouem.

AL. Experiri istuc mauellem me quam mi memorarier.
Prius abis quam lectus ubi cubuisti concaluit locus.
Heri uenisti media nocte, nunc abis. Hoccine placet?

ME. Accedam atque hanc appellabo et subparasitabor patri.   515
Numquam edepol quemquam mortalem credo ego uxorem suam
Sic ecflictim amare, proinde ut hic te efflictim deperit.

IVP. Carnufex, non ego te noui? Abin e conspectu meo?
Quid tibi hanc curatio est rem, uerbero, aut muttitio?
Quoi<i> ego iam hoc scipione…

AL.   Ah! Noli.

IVP.   Muttito modo.   520

ME. Nequiter paene expediuit prima parasitatio.

as coisas todas. E então? A falta, certamente,
ninguém vai imputar a Alcmena; pois um deus
deixar qualquer delito seu ou sua culpa
cair em cima de um mortal não é correto.   495
A porta range! Vou conter a minha fala
porque o suposto Anfitrião dali está saindo
e vem com Alcmena, a esposa em usura.

Júpiter, Alcmena e Mercúrio
<*canticum* – rec. tr7>

JU Fica bem, Alcmena; cuida dos nossos bens, como fazes.
Peço que te poupes, vê que pra ti os meses já passaram.   500
Tenho que partir: és tu, então, que vais apresentar o bebê.
AL Que negócios tens por lá, marido, pra que tão depressa
deixes tua casa?
JU   Pólux, não é que tu ou o lar me cansem;
quando, porém, o general supremo não está com suas tropas,
fazem tudo o que não devem antes de fazer o necessário.   505
ME Como é ligeiro esse impostor: ele é mesmo o meu pai.
Vede agora o quão gentilmente ele vai cortejar a mulher.
AL Posso ver, por Cástor, o quanto consideras tua esposa.
JU Não te basta não haver mulher que eu ame tanto assim?
ME Pólux! Caso a outra saiba que te importas com essas coisas,   510
digo que tu vais querer ser mais Anfitrião que Jove.
AL Ia ser melhor passar por isso a disso ser lembrada.
Partes antes que o lugar do leito onde deitaste esquente.
Ontem vieste com a noite andando e já voltas. Isso é bom?
ME Vou me aproximar, falar com ela e parasitar meu pai.   515
Pólux! Jamais nenhum mortal, eu creio, a esposa vai amar
tão ardentemente como ele morre ardendo em amor por ti.
JU Peste! Eu não te conheço? Vai pra longe dos meus olhos!
Tem alguma coisa aqui que te interesse, verme, ou seja tua?
Vou pegar um pau e…
AL   Oh, não!
JU   Resmunga só pra ver.   520
ME Quase que deu ruim já na minha primeira parasitada.

IVP. Verum quod tu dicis, mea uxor, non te mi irasci decet.
Clanculum abi*i* | a legione: operam hanc subrupui tibi,
Ex me primo prima <ut> scires, rem ut gessissem publicam.
Ea tibi omnia enarraui. Nisi te amarem plurimum, 525
Non facerem.
ME. Facitne ut dixi? Timidam palpo percutit.
IVP. Nunc, ne legio persentiscat, clam illuc redeundum est mihi,
Ne me uxorem praeuertisse dicant prae re publica.
AL. Lacrimantem ex abitu concinnas tu tuam uxorem.
IVP. Tace,
Ne corrumpe oculos: redibo actutum.
AL. Id 'actutum' diu est. 530
IVP. Non ego te hic lubens relinquo neque abeo abs te.
AL. Sentio:
Nam qua nocte ad me uenisti, eadem abis.
IVP. Cur me tenes?
Tempus <est> ; exire ex urbe prius quam lucescat uolo.
Nunc tibi hanc pateram, quae dono mihi ill*i* ob uirtutem dat*ast*,
Pterela rex qui potitauit, quem ego mea occidi manu, 535
Alcumena, tibi condono.
AL. Facis ut alias res soles.
Ecastor condignum donum, qualest qui donum dedit.
ME. Immo sic: condignum donum, qualest cui dono datu<m>st.
IVP. Pergin autem? Nonne ego possum, furcifer, te perdere?
AL. Noli amabo, Amphitr*u*o, irasci Sosiae causa mea. 540
IVP. Faciam ita ut uis.
ME. Ex amore hic admodum quam s*ae*uus est!
IVP. Numquid uis?
AL. Vt quom absim me ames, me tuam te absente*i* tamen.
ME. Eamus, Amphitr*u*o; lucescit hoc iam.
IVP. Abi prae, Sosia;
Iam ego sequar. Numquid uis?
AL. Etiam: ut actutum aduenias.
IVP. Licet,
Prius tua | opinione hic adero. Bonum animum habe. 545
Nunc te, Nox, quae me mansisti, mitto ut <con>cedas di*e*,
Vt mortalis inlucescat luce clara et candida.

JU Pelo que falaste, esposa, não podes te zangar comigo.
Vim escondidinho, largando as legiões: por ti deixei o posto;
tu, por mim primeiro, soubeste como eu conduzi a República.
Tudo a ti narrei. Se eu não te amasse por demais,   525
não faria.

ME   Vedes? Fazendo como eu disse: leva a pobre com meiguices.

JU Devo retornar secretamente pra que as tropas não percebam
nem reclamem de eu ter posto minha esposa à frente da República.

AL Deixas a esposa em lágrimas saindo assim.

JU   Acalma-te:
logo eu volto, não maltrata os olhos.

AL   Teu logo é longo.   530

JU Não me alegro por partir deixando-te aqui.

AL   Eu sei:
vais, assim, na noite em que chegaste.

JU   Por que me impedes?
Chega o instante: quero ir-me embora antes que a luz ressurja.
Esta taça, a qual me deram como prenda por minha coragem,
esta em que bebia o rei Ptérelas, que matei com as minhas mãos,   535
quero dar-te, Alcmena.

AL   Fazes isso como fazes outras coisas.
Cástor! É um mimo fino como é fino quem me deu o mimo!

ME Não: o mimo é fino como é fino quem ganhou o mimo.

JU 'Tá falando ainda? Acaso eu não posso te arruinar, ô praga!

AL Por favor, Anfitrião, não brigues com Sósia só por mim.   540

JU Faço como pedes.

ME   Como, amando, é mais selvagem!

JU Algo mais?

AL   Ausente, me ames, pois sou tua em tua ausência.

ME Vamos, Anfitrião; o sol já surge.

JU   Vai primeiro, Sósia;
já te sigo. Algo mais?

AL   Sim, voltes logo.

JU   É possível;
antes mesmo do que tu imaginas, eu apareço. Fica bem.   545
Ora, Noite, a ti, que me esperaste, envio: deixa o dia;
venha ele iluminar com luz brilhante e clara os homens.

Atque quanto, Nox, fuisti longior hac proxuma,
Tanto breuior dies ut fiat faciam, ut aeque disparet.
E*i*; dies e nocte accedat. Ibo et Mercurium subsequar.   550

\<ACTVS II\>

AMPHITRVO   SOSIA

AM. Age i tu secundum.

SO.   Sequor, subsequor te.

AM. Scelestissimum te arbitror.

SO.   Nam quam | ob rem?

AM. Quia id quod neque est neque fuit neque futurum est
Mihi praedicas.

SO.   Eccere, iam tuatim
Facis, ut tuis nulla apud te *fides sit*.   555

AM. Quid est? Quomodo? Iam quidem hercle ego tibi istam
Scelestam, scelus, linguam abscidam.

SO.   Tuus sum:
Proinde ut commodum*st* et lubet, quidque facias.
Tamen quin loquar haec uti facta sunt hic,
Numquam ullo modo me potes deterrere.   560

AM. Scelestissime, audes mihi praedicare id,
Domi te esse nunc, qui hic ades?

SO.   Vera dico.

AM. Malum quod tibi di dabunt, atque ego hodie
Dabo.

SO.   Istuc tibist in manu; nam tuus sum.

AM. Tun me, uerbero, audes erum ludificari?   565
Tune id dicere audes, quod nemo umquam homo antehac
Vidit nec potest fieri, tempore uno
Homo idem duobus locis ut simul sit?

SO. Profecto, ut loquor, res ita est.

AM.   Iuppiter te
Perdat!

SO.   Quid mali sum, ere, tua ex re promeritus?   570

Quão mais longa, ó Noite, do que a anterior tu foste,
vou fazer mais curto o dia, pra que assim se igualem.
Vem, ó dia, a noite suceda! Eu parto e sigo Mercúrio.   550

Anfitrião e Sósia

<*canticum* – canção>

AN Pois me siga!

SO   Eu sigo seguindo de perto.

AN Tu és um larápio!

SO   E agora essa! Por quê?

AN Bom, porque o que estás me contando não é,
nunca foi, nem será.

SO   Mas de novo o de sempre
tu fazes: nenhum apoio em ti os teus encontram.   555

AN O quê? Como assim? Pois então, por Hércules,
te arranco essa língua malandra, malando!

SO   Sou teu.
Então, o que fizeres, que te seja propício e jocoso.
Mas, pra que eu não fale tudo que aconteceu aqui,
tu, jamais e de modo nenhum, poderás me impedir.   560

AN Ô desgraçadíssimo, como ousas dizer-me que tu,
este aqui, está lá em casa agora?

SO   Digo a verdade.

AN Hoje, a desgraça que os deuses te darão, também
eu te darei.

SO   Tens isso em tuas mãos, pois sou teu.

AN Então ousas, maldito, fazer chacotinha de mim?   565
Acaso ousas dizer isto, o que homem nenhum jamais
viu ou pode fazer: que a um só tempo,
um mesmo homem esteja a um tempo em dois lugares?

SO Exatamente o que venho falando.

AN   Que Júpiter
te destrua!

SO   Mas que mal eu mereço de ti, ó senhor?   570

AM. Rogasne, improbe, etiam qui ludos facis me?
SO. Merito maledicas mihi, si non id ita factum est.
Verum haud mentior, resque uti facta dico.
AM. Homo hic ebrius est, ut opinor.
SO. Vtinam ita essem!
AM.   Optas quae facta.   575
SO. Egone?
AM.   Tu istic. Vbi bibisti?
SO. Nusquam equidem bibi.
AM.   Quid hoc sit
Hominis?
SO.   Equidem decies dixi:
Domi ego sum, inquam; ecquid audis?
Et apud te adsum Sosia idem.
Satin hoc plane, satin diserte,
Ere, nunc uideor
Tibi locutus esse?
AM.   Vah!
Apage te a me.
SO.   Quid est negoti?
AM. Pestis te tenet.
SO.   Nam quor istuc   580
Dicis? Equidem ualeo et saluus
Sum recte, Amphitruo.
AM.   At te ego faciam
Hodie proinde ac meritus es   583
Vt minus ualeas et miser sis,
Saluus domum si rediero. Iam
Sequere sis, erum qui ludificas dictis delirantibus,   585

Qui quoniam erus quod imperauit neglexisti persequi,
Nunc uenis etiam ultro inrisum dominum: quae neque fieri
Possunt neque fando umquam accepit quisquam, profers, carnifex;
Quoius ego hodie in tergum faxo ista expetant mendacia.
SO. Amphitruo, miserrima istaec miseria est seruo bono,   590
Apud erum qui uera loquitur, si id ui uerum uincitur.
AM. Quo id, malum, pacto potest nam – mecum argumentis puta –

AN Ainda perguntas, malvado, tu, que brincas comigo?
SO Que por mérito me maldigas, se isso não foi assim.
    É verdade que não minto e que, como eu disse, aconteceu.
AN Esse homem só pode estar bêbado, certeza.
SO Oxalá fosse isso!
AN   Queres o que já é.   575
SO Eu?
AN   Tu mesmo! Onde bebeste?
SO Não bebi, verdade.
AN   Que homem,
    então, é esse?
SO   Mas já disse dez vezes!
    Repito: eu estou lá em casa. Ouviste direito?
    E junto a ti, o mesmo Sósia, estou presente.
    Ficou bastante claro e bastante eloquente,
    senhor, agora, como me parece,
    o que eu acabei de te contar?
AN   Ah, vai!
    Sai de perto!
SO   Mas que negócio é esse?
AN A peste te consome!
SO   Essa agora,   580
    por quê? Na verdade, estou forte e saudável;
    tudo certinho, Anfitrião.
AN   Hoje mesmo
    eu vou te dar o que tu mereces   583
    pra que enfraqueças e adoeças,
    se eu chegar bem em casa. Vai,
    segue teu amo, de quem com delirantes ditos troças,   585

                    <*canticum* – rec. tr7>

    já que as ordens de teu amo te negaste a perseguir;
    inda vens agora rindo do senhor: coisas que nunca
    vão se dar, das quais ninguém ouviu, safado, dizes;
    Hoje eu faço a tua mentirada arder nas tuas costas.
SO Essas misérias são, Anfitrião, mais míseras ao bom escravo,   590
    este que só veras diz ao amo, se com violência vencem a verdade.
AN Como, desgraçado, isso é possível? Pensa comigo as razões,

Fieri, nunc ut<i> tu <et> hic sis et domi? Id dici uolo.
. SO. Sum profecto et hic et illic: hoc cuiuis mirari licet,
Neque tibi istuc <hilo> mirum magis uidetur quam mihi;   595
AM. Quo modo?
SO.   Nihilo, inquam, mirum magis tibi istuc quam mihi;
Neque, ita me di ament, credebam primo mihimet Sosiae,
Donec Sosia illic egomet <me> fecit sibi uti crederem.
Ordine omn*ia*, ut quicque actum est, dum apud hostis sedimus,
Edissertauit; tum formam un*a* abstulit cum nomine.   600
Neque lac lacti<s> magis est simile quam ille ego simil*est* mei.
Nam ut dudum ante lucem a portu me praemisisti domum –
AM. Quid igitur?
SO.   Prius multo ante aedis stabam quam illo adueneram.
AM. Quas, malum, nugas? Satin tu sanus es?
SO.   Sic sum ut uides.
AM. Huic homini nescioquid est mali mala obiectum manu,   605
Postquam a me abiit.
SO.   Fateor: nam sum obtusus pugnis pessume.
AM. Quis te uerberauit?
SO.   Egomet memet, qui nunc sum domi.
AM. Caue quicquam, nisi quod rogabo te, mihi responderis.
Omnium primum iste qui sit Sosia, hoc dici uolo.
SO. Tuus est seruus.
AM.   Mihi quidem uno te plus etiam est quam uolo,   610
Neque, postquam sum natus, habui nisi te seruum Sosiam.
SO. At ego nunc, Amphitr*u*o, dico: Sosiam seru*um* tuum
Praeter me alterum, inquam, adueniens faciam ut offendas domi,
Dauo prognatum patre eodem quo ego sum, forma, aetate item
Qua ego sum. Quid opust uerbis? Geminus Sosia hic factust tibi.   615
AM. Nimia memoras mira. Sed uidistin uxorem meam?
SO. Quin intro ire in aedis numquam licitum est.
AM.   Quis te prohibuit?
SO. Sosia ille, quem iam dudum dico, is qui me contudit.
AM. Quis istic Sosia est?
SO.   Ego, inquam. Quotiens dicendum est tibi?
AM. Sed quid ais? Num obdormiuisti dudum?
SO.   Nusquam gentium.   620

como podes estar em casa e aqui ao mesmo tempo? Diz, vamos!

SO Eu, de fato, estou aqui e lá: e é certo que isso espante;
mas a ti não me parece em nada mais estranho do que a mim.   595

AN Hein?

SO　　　Em nada, eu disse, é mais estranho a ti que a mim.
Pelos deuses! No início eu não cria em mim mesmo, em Sósia;
mas então aquele Sósia lá, eu mesmo, fez que eu cresse nele.
Tudo o que ocorreu durante a guerra, em todos os detalhes,
disse; então tomou-me a forma e o nome ao mesmo tempo!   600
Nem o leite é tão igual ao leite como ele é igual a mim.
Quando me mandaste para casa antes do nascer do sol...

AN Diz ...

SO　　　Eu já estava em casa muito antes de ir pra lá.

AN Quanta asneira, desgraçado! Estás são?

SO　　　　　　　　Sim, como vês.

AN Foi lançado neste aí, por mão malvada, um mal qualquer   605
logo que partiu.

SO　　　　Confesso: me abateram com punhos péssimos.

AN Quem?

SO　　　Eu mesmo, que estou lá em casa, em mim mesmo.

AN Ouve bem e me responde exatamente o que eu te perguntar:
antes de tudo, quem é este Sósia? Quero que isso seja esclarecido.

SO Teu escravo.

AN　　　　Sendo um só, tu és mais do que eu quero.   610
Nunca tive, depois de que nasci, outro escravo Sósia que não tu.

SO Pois te digo, Anfitrião: a teu escravo Sósia,
outro além de mim, garanto, farei que em casa encontres,
filho de Davo, como eu, de forma e idade iguais também;
Quer saber? Fizeram pra ti um duplo deste Sósia aqui.   615

AN Lembras coisas incríveis. Mas viste a minha esposa?

SO Nunca foi-me dado entrar em casa.

AN　　　　　　Quem te obstou?

SO Sósia, aquele sobre quem estou falando, que bateu em mim...

AN Quem é esse Sósia?

SO　　　　Eu! Quantas vezes tenho que dizer?!

AN Dizes o quê? Acaso cochilaste há pouco?

SO　　　　　　Neste mundo não.   620

AM. Ibi forte istum si uidisses quendam in somnis Sosiam.

SO. Non soleo ego somniculose eri | imperia persequi.
Vigilans uidi, uigilans †nunc uideo, uigilans fabulor,
Vigilantem ille me iam dudum uigilans pugnis contudit.

AM. Quis homo?

SO.   Sosia, inquam, ego ille. Quaeso, nonne intellegis?   625

AM. Qui, malum, intellegere quisquam potis est? Ita nugas blatis!

SO. Verum actutum nosces, quom illum nosces seruum Sosiam.

AM. Sequere hac igitur me; nam mihi istuc primum exquisito est opus.
[Sed uide ex naui efferantur quae *i*mperaui *i*am omnia.

SO. Et memor sum et diligens, ut quae imperes compareant.   630
Non ego cum uino simitu ebibi imperium tuum.

AM.] Vtinam di faxint, infecta dicta r*e* eueniant tua!

ALCVMENA   AMPHITRVO   SOSIA

AL. Satin parua res est uoluptatum in uita atque in aetate agunda,
Praequam quod molestum est? Ita cuique comparatum est in aetate hominum;
Ita di<ui>s est placitum, uoluptatem ut maeror comes consequatur: 635
Quin incommodi plus malique ilico adsit, boni si optigit quid.
Nam ego id nunc experior domo atque ipsa de me scio, cui uoluptas
Parumper datast, dum uiri mei †mihi potestas uidendi fuit
Noctem unam modo; atque is repente abiit a me ⋆ hinc ante lucem.
Sola hic mihi nunc uideor, quia ille hinc abest, quem ego amo praeter omnis. 640
Plus aegri ex abitu uiri quam ex aduentu uoluptatis c*e*pi. Sed hoc me beat 641+642
Saltem, quom perduellis uicit et domum laudis compos reuenit. Id solacio est.
Absit, dum modo laude parta domum recipiat se; feram et perferam usque   645
Abitum eius animo forti atque offirmato, id modo si mercedis
Datur mihi, ut meus uictor uir belli clueat: satis
Mihi esse ducam. Virtus praemium est optimum,
Virtus omnibus rebus anteit profecto.
Libertas, salus, uita, res et parentes, patria et prognati   650
Tutantur, seruantur.
Virtus omnia in sese habet, omnia adsunt bona quem penest uirtus.   652+653

AM. Edepol me uxori exoptatum credo aduenturum domum,

AN Vai que assim, quem sabe, viste em sonho esse tal Sósia.

SO Não costumo executar dormindo as ordens do meu amo!
Vi desperto, desperto agora eu vejo, desperto eu converso;
quando aquele me sovou com a mão a cara, estava desperto.

AN Quem?

SO O Sósia, eu disse, aquele eu. Tu não entendes? 625

AN Como alguém, maldito, pode te entender? Só dizes asneiras!

SO Logo vais saber, assim que vires aquele escravo Sósia.

AN Vamos, vem junto então, agora eu quero ver de perto.
[Cuide pra que tragam do navio aquilo que eu mandei trazer.

SO Lembro bem e estou atento: será conforme tu mandaste. 630
Junto com aquele vinho todo eu não bebi as tuas ordens.

AN]Façam os deuses que os fatos tornem falsas tuas falas.

Alcmena, Anfitrião e Sósia
<i>canticum</i> – canção>

AL Não é coisa bem pouca o prazer nessa vida e nos dias vividos
comparado às moléstias? Assim compuseram os dias dos homens,
decidiram os deuses assim, que a tristeza acompanhe os prazeres: 635
sem que enfados e males sucedam de pronto, não surge algo bom.
Pois, em casa, ora eu passo por isso e por mim já sei bem como é;
foi-me pouco o prazer, pois que eu soube o poder do meu homem
por somente uma noite, e já parte daqui, vindo o dia, deixando-me.
Eu me sinto sozinha na ausência daquele que acima de todos eu amo. 640
A tristeza do adeus é maior que o prazer da acolhida. Mas basta-me
que ele vence os rivais e retorna com glórias pra casa: é um consolo.
que se ausente, mas volte com glórias pra casa. Eu supero e suporto 645
sua ausência com espírito firme e afincado inda seja somente esta paga
ofertada pra mim: que na guerra, ao vencer, o meu homem exaltem;
é o bastante. A virtude, eis um prêmio excelente;
a virtude, por certo, vem antes de todas as coisas.
Liberdade, saúde, riquezas e vida, os parentes, a pátria e os herdeiros 650
são guardados, mantidos por ela.
A virtude tem tudo, e as benesses abonam a quem tem virtude.
<i>canticum</i> – rec. tr7>

AN Pólux! Minha esposa, eu creio, deve ansiar o meu retorno,

Quae me amat, quam contra amo; praesertim re gesta bene,   655
Victis hostibus: quos nemo posse superari ratust,
Eos auspicio meo atque *d*uctu primo coetu uicimus.
Certe enim med illi expectatum optato uenturum scio.

SO. Quid? Me non rere expectatum amicae uenturum meae?

AL. Meus uir hicquidem est.

AM.   Sequere hac tu me.

AL.   Nam quid ille reuortitur,   660
Qui dudum properare s*e* a*i*bat? An ille me temptat sciens
Atque id s*e* uult experiri, suum *a*bitum ut desiderem?
Ecastor me<d> haud inuita se domum recipit suam.

SO. Amphitr*u*o, redire ad nauem meliust nos.

AM.   Qua gratia?

SO. Quia domi daturus nemo est prandium aduenientibus.   665

AM. Qui tibi †nunc istuc in mentem uenit?

SO.   Qui<a> enim sero aduenimus.

AM. Qui?

SO.   Quia Alcumenam ante aedis stare saturam intellego.

AM. Grauidam ego illa*n*c hic reliqui, qu*o*m *a*beo.

SO.   Ei! Perii miser.

AM. Quid tibi est?

SO.   Ad aquam praebendam com*m*odum adueni domum,
Decumo post mense, ut rationem te d*u*ctare intellego.   670

AM. Bono animo es.

SO.   Scin quam bono animo sim? Si situlam [iam] cepero,
Numquam edepol tu mihi †diuini quicquam creduis post hunc diem,
Ni ego illi puteo, si occepso, animam omnem intertraxero.

AM. Sequere hac me modo. Alium ego isti re all*e*gabo, ne time.

AL. Magis nunc <me> meum officium facere, s<i> huic eam
[aduersum, arbitror.   675

AM. Amphitr*u*o uxorem salutat l*a*etus speratam suam,
Quam omnium Thebis uir unam esse optimam diiudicat,
Quamque adeo ciues Thebani uero rumiferant probam.
Valuistin usque? Exspectatum aduenio?

SO.   Haud uidi magis.
Exspectatum eum salutat magis haud quicquam quam canem.   680

AM. Et quom [te] grauidam et quom te pulchre plenam as*p*icio, gaudeo.

ela, que me ama e que eu amo, ainda mais com tudo bem gerido, 655
nossos rivais vencidos, os quais ninguém pensava superáveis:
sob os meus auspícios, nós vencemos logo no primeiro embate.
Sei, de fato, que uma coisa é certa: que ela anseia o meu retorno.
SO Achas que também a minha amiga não anseia meu retorno?
AL Eis o meu marido.
AN   Segue-me.
AL   Por que já volta   660
esse que dizia agora há pouco se apressar? Será que me examina,
tão esperto, e quer saber se estou sentindo a sua ausência?
Cástor! Não me oponho nem um pouco a recebê-lo em casa.
SO É melhor que nós voltemos pro navio, Anfitrião.
AN   Por quê?
SO Nesta casa, aos que chegam, ninguém vai dar comida.   665
AN Mas por que tu dizes isso agora?
SO   É que chegamos tarde.
AN Como assim?
SO   Alcmena está empanturrada ali na frente...
AN Quando eu parti, a deixei grávida.
SO   Ferrou! Estou morto!
AN Sentes algo?
SO   Sim: que vim a tempo pra buscar água pra casa,
já passados os dez meses, pelo que eu vejo aí das tuas contas.   670
AN Fica feliz!
SO   Sabes quão feliz ficarei? Se eu pegar um jarro,
Pólux!, nunca mais nada tão sacro vais me confiar depois desse dia,
salvo se eu não extrair daquele poço, após o início, toda a alma.
AN Vem, não te preocupes, vou mandar que outro faça isso.
AL Ora é melhor que eu cumpra meu dever e vá ao seu encontro.   675

AN Ledo, Anfitrião saúda a sua impaciente esposa,
cujo marido julga a única e a melhor de toda Tebas,
tanto que os tebanos, com razão, proba rumoram-na.
Como tens passado? Tu me esperavas?
SO   Mais eu nunca vi!
Tanto o esperava, que não o saúda mais que a um cão qualquer.   680
AN Fico alegre por te ver assim tão belamente plena e grávida.

AL. Obsecro ecastor, quid tu me deridiculi gratia
     Sic salutas atque appellas, quasi dudum non uideris
     Quasi qui nunc primum recipias te domum huc ex hostibus?
     [Atque me nunc proinde appellas, quasi multo post uideris?]   685
AM. Immo equidem te nisi nunc hodie nusquam uidi gentium.
AL. Cur negas?
AM.   Quia uera didici dicere.
AL.   Haud *a*equom facit.
     Qui quod didicit id dediscit. An periclitamini
     Quid animi habeam? Sed quid huc uos reuortimini tam cito?
     An te auspicium commoratum est an tempestas continet,   690
     Qui non ab<i>isti ad legiones, ita ut<i> dudum dixeras?
AM. Dudum? Quam dudum istuc factum est?
AL.   Temptas: iam dudum [pridem], modo.
AM. Qui istuc potis est fieri, quaeso, ut dicis: iam dudum, modo?
AL. Quid enim censes? Te ut deludam contra, lusorem meum,
     Qui nunc primum te aduenisse dicas, modo qui hinc abieris.   695
AM. Haec quidem deliramenta loquitur.
SO.   Paulisper mane,
     Dum edormiscat unum somnum.
AM.   Quaene uigilans somniat?
AL. Equidem ecastor uigilo et uigilans id quod factum est fabulor;
     Nam dudum ante lucem et istunc et te uidi.
AM.   Quo in loco?
AL. Hic in *a*edibus ubi tu habitas.
AM.   Numquam factum est.
SO.   Non taces?   700
     Quid si e portu nauis huc nos dormientis detulit?
AM. Etiam tu quoque adsentaris huic?
SO.   Quid uis fieri?
     Non tu scis? Bacchae bacchanti si uelis aduersarier,
     Ex insana insaniorem facies, feriet s*a*epius.
     Si obsequar*e*, una resoluas plaga.
AM.   At pol qui certa res   705
     Hanc est obiurgare, quae me hodie aduenientem domum
     Noluerit salutare.
SO.   Inritabis crabrones.

AL Diz, por Cástor, como tu, com reverências tão ridículas,
chegas, me saúdas e me aclamas como há muito não me visses,
como a alguém que só agora te recebe em casa após a guerra?
[ora me chamas e apelas como se há muito me tivesse visto?]   685
AN Salvo agora, hoje, não te vi, por certo, em nenhum lugar.
AL Negas?
AN   Só a verdade sei dizer.
AL   Tal não ages.
Tu desaprendes o que aprendeste. Por um acaso experimentas
quais afetos eu tenho? Por que voltaste aqui assim depressa?
Foi auspício que impediu, ou te manteve aqui uma tormenta,   690
já que tu não foste às legiões, conforme há pouco me disseste?
AN Como "há pouco"? Quanto há pouco?
AL   Testas: há pouco, agora mesmo.
AN Quando aconteceu o que me dizes: há pouco, agora mesmo?
AL Mas o que estás pensando? Que eu te engano, meu fingido,
tu, que dizes ter chegado só agora, mas que há pouco saíste daqui?   695
AN Esta mulher está dizendo insânias.
SO   Não. Espera um pouco,
pode ser que esteja bêbada... de sono.
AN   Acaso sonhas acordada?
AL Não! Estou desperta e desperta conto o que ocorreu, por Cástor!
Inda há pouco, antes da aurora, eu te vi e este aí também.
AN   Onde?
AL Bem aqui, na casa onde tu moras.
AN   Não pode!
SO   Calma.   700
Vai que o navio nos trouxe lá do porto até aqui enquanto dormíamos?
AN Tu também vais começar com isso?
SO   Queres que eu faça o quê?
Tu não sabes? Se contestares as bacantes em um bacanal,
caso as deixes, de loucas, mais loucas, bem mais te laceram.
Caso cedas, logo acabas com a briga.
AN   Mas, por Pólux!,   705
deve, então, ser reprimida, pois que, chegando em casa hoje,
não me aclama.
SO   Assim, atiças as vespas.

AM.   Tace.
Alcumena, unum rogare te uolo.
AL.   Quiduis [rogare] roga.
AM. Nu*m* tibi aut stultitia accessit aut superat superbia?
AL. Qui istuc in mente<m> est tibi ex me, mi uir, percontarier?   710
AM. Quia salutare aduenientem me solebas antidhac,
Appellare, itidem ut pudicae suos uiros quae sunt solent.
Eo more expertem te factam adueniens offendi domi.
AL. Ecastor equidem te certo heri aduenientem | ilico,
Et salutaui et ualuissesne usque exquisiui simul,   715
Mi uir, et manum praehendi et osculum tetuli tibi.
SO. Tun heri hunc salutauisti?
AL.   Et te quoque etiam, Sosia.
SO. Amphitr*u*o, speraui ego istam tibi parituram filium;
Verum non est puero grauida.
AM.   Quid igitur?
SO.   Insania.
AL. Equidem sana sum et deos quaeso, ut salua pariam filium;   720
Verum tu malum magnum habebis, si hic suum officium facit.
Ob istuc omen, ominator, capies quod te condecet.
SO. Enim uero praegnati oportet et malum et malum dari,
Vt quod obrodat sit, animo si male esse occeperit.
AM. Tu me heri hic uidisti?
AL.   Ego, inquam, si uis decies dicere.   725
AM. In somnis †fortasse?
AL.   Immo uigilans uigilantem.
AM.   Vae misero mihi!
SO. Quid tibi est?
AM.   Delirat uxor.
SO.   Atra bili percita est.
Nulla res tam delirantis homines concinnat cito.
AM. Vbi primum tibi sensisti, mulier, impliciscier?
AL. Equidem ecastor sana et salua sum.
AM.   Quor igitur praedicas   730
Te heri me uidisse, qui hac noctu in portum aduecti sumus?
Ibi cenaui atque ibi quieui in naui noctem perpetem;
Neque meum pedem huc intuli etiam in aedis, ut cum exercitu

AN	Quieto.

Quero pedir só uma coisa, Alcmena.

AL	Peça o que quiseres.
AN	Diz, te assalta a insanidade ou sobrevém-te a soberba?
AL	Tens pensado o que de mim, esposo, que isso me inquires? 710
AN	N' outros tempos, vinhas me saudar quando eu chegava;
	tal as pudicas costumam fazer aos maridos, a mim aclamavas.
	Livre de um tal costume eu te encontro em casa enquanto chego.
AL	Ontem, por Cástor, decerto, ao chegares, sem demora
	foste por mim saudado; indaguei e quis saber como estavas, 715
	meu esposo, e as mãos atei às tuas, e a ti levei meus lábios.
SO	Ontem o saudaste, então.
AL	E a ti também, Sósia.
SO	Vê, Anfitrião, eu achava que pra ti ela daria um filho;
	só que não gera um piá.
AN	O quê, então?
SO	Piração.
AL	Sã estou e aos deuses peço que, bem, eu dê à luz um filho. 720
	Caso esse aí cumpra seu papel, vais sofrer um grande mal:
	vais ganhar, por essa profecia, profetinha, o que mereces.
SO	Creio que, na verdade, à grávida é necessária a mordaça,
	pois terá o que morder se as dores tomarem-lhe o ânimo.³
AN	Ontem me viste aqui, então.
AL	Já disse e digo outras dez vezes. 725
AN	Foi um sonho?
AL	Não. Em vigília vigiávamos.
AN	Pobre de mim!
SO	Sentes algo?
AN	Minha esposa está louca.
SO	A bílis negra pegou nela.
	Nada, nada mais faz que os homens enlouqueçam rápido assim.
AN	Quando foi que começaste a te sentir assim confusa, esposa?
AL	Cástor! Mas estou sã e salva.
AN	Por quê, então, proclamas 730
	ter-me visto ontem, se nós chegamos só agora à noite ao porto?
	Lá jantei e lá no barco mesmo adormeci por toda a noite;
	não pisei meu pé aqui em casa desde que parti com exército

Hinc profectus sum ad Teloboas hostis eosque ut uicimus.

AL. Immo mecum cenauisti et mecum cubuisti.

AM.   Quid [id] est?   735

AL. Vera dico.

AM.   Non de hac quidem hercle re; de | aliis nescio.

AL. Primulo diluculo abiísti ad legiones.

AM.   Quo modo?

SO. Recte dicit, ut commeminit: somnium narrat tibi.
Sed, mulier, postquam experrecta es, te prodigiali Ioui
Aut mola salsa hodie aut ture comprecatam oportuit.   740

AL. Vae capiti tuo.

SO.   Tua istuc refert –, si curaueris.

AL. Iterum iam hic in me inclementer dicit, atque id sine malo.

AM. Tace tu. Tu dic: egone abs te abii hinc hodie cum diluculo?

AL. Quis igitur nisi uos narrauit mihi illi ut fuerit proelium?

AM. An etiam id tu scis?

AL.   Quippe qui ex te audiui, ut urbem maximam   745
Expugnauisses regemque Pterelam tute occideris.

AM. Egone istuc dixi?

AL.   Tute istic, etiam adstante hoc Sosia.

AM. Audiuistin tu me narrare haec hodie?

SO.   Vbi ego audiuerim?

AM. Hanc roga.

SO.   Mequidem praesente numquam factumst, quod sciam.

AL. Mirum quin te aduersus dicat.

AM.   Sosia, age, me huc aspice.   750

SO. Specto.

AM.   Vera uolo loqui te, nolo adsentari mihi.
Audiuistin tu hodie me illi dicere ea quae illa autumat?

SO. Quaeso edepol, num tu quoque etiam insanis, quom id me interrogas,
Qui ipsus equidem nunc primum istanc tecum conspicio simul?

AM. Qui<d> nunc, mulier? Audin illum?

AL.   Ego uero, ac falsum dicere.   755

AM. Neque tu illi neque mihi uiro ipsi credis?

AL.   Eo fit, quia mihi
Plurimum credo et scio istaec facta proinde ut proloquor.

AM. Tun me heri aduenisse dicis?

desta terra enviado contra os rivais Teléboas, os quais vencemos.

AL Tu, na verdade, jantaste comigo e dormiste comigo.

AN   Como!?   735

AL Digo a verdade.

AN   Hércules, sobre isso não; do resto, não sei.

AL Mal nasceu o dia e tu voltaste pras legiões.

AN   Como assim?

SO Conta bem do jeito que se lembra: a ti narra um sonho.
    Quando despertaste, ó mulher, então ao Prodigioso Júpiter,
    hoje, com farinha salsa ou com incenso tinhas que suplicar.   740

AL Vê só!

SO   Vê só tu – caso queiras ver, é claro.

AL Outra vez me trata com empáfia sem nenhum castigo.

AN Cala a boca. Diz: fui eu mesmo que saí daqui cedinho?

AL Quem, então, me contaria sobre a guerra a não ser tu?

AN Sobre o que tu sabes?

AL   Ouvi de ti que a grande urbe   745
    tu tomaste e que, por ti próprio, mataste o rei Ptérelas.

AN Eu te disse isso?

AL   Sim, tu. E Sósia estava junto.

AN Hoje, então, de mim ouviste isso?

SO   E quando eu ouviria?

AN Ela que o diga.

SO   Pois, que eu saiba, comigo presente, nunca.

AL Muito incrível não te desmentir.

AN   Ei, Sósia, olha pra mim.   750

SO Olho.

AN   Diz a verdade, não precisas concordar comigo:
    hoje, por acaso, me ouviste contar alguma dessas coisas que ela diz?

SO Pólux! E eu pergunto: acaso enlouqueceste, pois me indagas,
    eu, que com certeza só a vejo agora, ao mesmo tempo que tu?

AN Ouves, mulher? E agora?

AL   Sim, mas ele diz mentiras.   755

AN Não confias nele nem no teu marido?

AL   É porque confio
    mais em mim e sei que as coisas foram bem do jeito que eu falei.

AN Dizes que ontem vim aqui?

AL.   Tun te abiisse hodie hinc negas?

AM. Nego enim uero et me aduenire nunc primum aio ad te domum.

AL. Obsecro, etiamne hoc negabis, te auream pateram mihi   760
Dedisse dono hodie, qua te illi donatum esse dixeras?

AM. Neque edepol dedi neque dixi; uerum ita animatus fui,
Itaque nunc sum, ut ea te patera donem. Sed quis istuc tibi dixit?

AL. Ego equidem ex te audiui, et ex tua accepi manu pateram.

AM. Mane, mane, obsecro te. Nimis demiror, Sosia,   765
Qui illaec illic me donatum esse aurea patera sciat,
Nisi tu dudum hanc conuenisti et narrauisti haec omnia.

SO. Neque edepol ego dixi neque istam uidi nisi tecum simul.

AM. Quid hoc sit hominis?

AL.   Vin proferri pateram?

AM.   Proferri uolo.

AL. Fiat. <I> tu, Thessala, intus pateram proferto foras,   770
Qua hodie meus uir donauit me.

AM.   Secede huc tu, Sosia,
Enim uero illud praeter alia mira miror maxime,
Si haec habet pateram illam.

SO.   An etiam credis id, quae in hac cistellula
Tuo signo obsignata fertur?

AM.   Saluum signum est?

SO.   Inspice.

AM. Recte: ita est ut obsignaui.

SO.   Quaeso, quin tu istanc iubes   775
Pro cerrita circumferri?

AM.   Edepol qui facto est opus:
Nam haec quidem edepol laruarum plenast.

<AL.>   Quid uerbis opust?
Em tibi pateram: eccam.

AM.   Cedo mi.

<AL.>   Age, aspice huc sis nunciam,
Tu qui quae facta infitiare, quem ego iam hic conuincam palam.
Estne haec patera qua donatu's illi?

AM.   Summe Iuppiter,   780
Quid ego uideo? Haec ea est profecto patera. Perii, Sosia.

SO. Aut pol haec praestigiatrix multo mulier maxima est,

AL	Negas que hoje foste daqui?

AN Nego sim, e afirmo que somente agora eu chego em casa.

AL Rogo: vais negar isto também, que uma taça feita em ouro   760
deste-me hoje como um mimo, a qual disseste que eles te deram?

AN Pólux! Nem te dei, nem disse! Era meu desejo e ainda é,
claro, dar-te essa taça hoje mesmo. Mas quem te disse isso?

AL Isso eu ouvi de ti, por certo, e de tuas mãos ganhei a taça.

AN Calma, calma, eu te peço. Muito me admiro, Sósia,   765
que ela saiba que por lá me deram uma taça feita em ouro,
salvo se, há pouco, tu a encontraste e contaste essas coisas.

SO Pólux! Nem contei e nem a vi senão contigo agora!

AN Quem, então, aqui esteve?

AL   Quer que eu traga a taça?

AN   Quero.

AL Certo. Entra, Tessala, e traz a taça aqui pra fora,   770
vai, aquela que hoje o meu esposo deu pra mim.

AN   Sósia, vem aqui.
Fora os outros espantos, com certeza muito mais vou-me espantar
caso tenha ela aquela taça.

SO   Como podes crer nisso se, neste cesto,
bem lacrada com o teu sinal, está a taça?

AN   Está intacto?

SO   Vê.

AN Certo: está como eu lacrei.

SO   Por que tu não ordenas,   775
contra Ceres, um ritual em volta dela?

AN   Pólux! Isso mesmo!
Deve estar, por Pólux, cheia de encostos!

AL   Pra que palavras?
Eis a taça, vê!

AN   Dá-me aqui.

AL   Pois olha, então, agora mesmo,
tu que os fatos negas, quem eu vou vencer agora e em público.
Esta, por acaso, é a taça que por lá te deram?

AN   Sumo Jove!   780
Não! O que vejo? Esta é, sem dúvidas, a taça. Estou morto, Sósia!

SO Ou, por Pólux, esta mulher é a maior farsante das maiores,

Aut pateram hic inesse oportet.

AM.   Agedum, exsolue cistulam.

SO. Quid ego istam exsoluam? Obsignatast recte. Res gesta est bene:
Tu peperisti Amphitruonem <alium>, alium ego peperi Sosiam.   785
Nunc si patera pateram peperit, omnes congeminauimus:

AM. Certum est aperire atque inspicere.

SO.   Vide sis signi quid siet,
Ne posterius in me culpam conferas.

AM.   Aperi modo.
Nam haec quidem nos delirantis facere dictis postulat.

AL. Vnde haec igitur est nisi abs te, quae mihi dono data est?   790

AM. Opus mi est istuc exquisito.

SO.   Iuppiter, pro Iuppiter!

AM. Quid tibi est?

SO.   Hic patera nulla in cistulast.

AM.   Quid ego audio?

SO. Id quod uerumst.

AM.   At cum cruciatu iam, nisi apparet, tuo.

AL. Haec quidem apparet.

AM.   Quis igitur tibi dedit?

AL.   Qui me rogat.

SO. Me captas, quia tute ab naui clanculum huc alia uia   795
Praecucurristi atque hinc pateram tute exemisti atque eam
Huic dedisti, posthanc rursum obsignasti clanculum.

AM. Ei mihi, iam tu quoque huius adiuuas insaniam?
Ain heri nos aduenisse huc?

AL.   Aio, adueniensque ilico
Me salutauisti, et ego te, et osculum tetuli tibi.   800

SO. Iam illuc non placet principium de osculo.

<AM.>   Perge exsequi.

AL. Lauisti.

AM.   Quid postquam laui?

AL.   Accubuisti.

SO.   Euge optime.
Nunc exquire.

AM.   Ne interpella. Perge porro dicere.

AL. Cena adposita est. Cenauisti mecum; ego accubui simul.

ou é bom que a taça esteja aqui.

AN Anda! Abre logo o cesto!

SO Vamos abrir por quê? Tu lacraste direito. Tudo se resolve:
tu pariste um outro Anfitrião, e eu pari um outro Sósia;   785
caso a taça tenha tido outra taça, nós todos duplicamos!

AN Abre e olha, isso sim é certo.

SO Vê se o selo está aqui;
dessa forma, não vais me culpar depois.

AM Anda, abre logo.
Quer nos pôr maluco, com certeza, com todo esse discurso.

AL Salvo de ti, então, de onde veio a taça a mim entregue?   790

AN Isso é meu dever investigar.

SO Júpiter! Por Júpiter!

AN Fala.

SO Não há no cesto taça alguma!

AN Ouvi direito?

SO Sim, é verdade.

AN Caso não apareça, eu te arrebento!

AL Esta apareceu, certeza.

AN E quem te deu?

AL Quem pergunta.

SO Tu me enganas! Escondido, do navio até aqui, por outra via,   795
tu vieste, e tu mesmo pegaste a taça de dentro do cesto; tu mesmo
deste-a a ela e, outra vez, lacraste o cesto, depois disso, escondido.

AN Ai de mim! Tu também, agora, incentivas a insanidade dela?
diz: nós viemos ontem para cá?

AL Digo sim. E tão logo chegaste,
tu me saudaste, e eu saudei a ti e a ti levei então meus lábios.   800

SO Isso aí de começar com beijos não me agrada.

AN Prossegue.

AL Foste banhar-te.

AN E então?

AL Foste deitar.

SO Ótimo!
Vai, pergunta agora!

AN Não interrompas! Segue, diz o que mais.

AL Foi posta a mesa pra ti. Eu jantei contigo, e contigo me deitei.

AM. In eodem lecto?

AL. In eodem.

SO. Ei! Non placet conuiuium. 805

AM. Sine modo argumenta dicat. Quid postquam cenauimus?

AL. Te dormitare aibas: mensa ablata est; cubitum hinc abiimus.

AM. Vbi tu cubuisti?

AL. In eodem lecto tecum una in cubiculo.

AM. Perdidisti.

SO. Quid tibi est?

AM. Haec me modo ad mortem dedit.

AL. Quid iam, amabo?

AM. Ne me appella.

SO. Quid tibi est?

AM. Perii miser, 810
Quia pudicitiae huius uitium me hic absente est additum.

AL. Obsecro ecastor, cur istuc, mi uir, ex ted audio?

AM. Vir ego tuos sim? Ne me appella, falsa, falso nomine.

SO. Haeret haec res, si quidem hic iam mulier facta est ex uiro.

AL. Quid ego feci, qua istaec propter dicta dicantur mihi? 815

AM. Tute edictas facta tua; ex me quaeris, quid deliqueris?

AL. Quid ego tibi deliqui, si cui nupta sum, tecum fui?

AM. Tun mecum fueris? Quid illac inpudente audacius?
Saltem, tute si pudoris egeas, sumas mutuum.

AL. Istuc facinus, quod tu insimulas, nostro generi non decet. 820
Tu si me inpudicitiai captas, capere non potes.

AM. Pro di immortales, cognoscin tu me saltem, Sosia?

SO. Propemodum.

AM. Cenauin ego heri in naui in portu Persico?

AL. Mihi quoque adsunt testes, qui illud quod ego dicam adsentiant.

SO.> Nescio quid istuc negoti dicam, nisi si quispiamst 825
Amphitruo alius, †qui forte te hic absente tamen
Tuam rem curet teque absente hic munus fungatur tuum.
Nam quom de illo subditiuo Sosia mirum nimist,
Certe de istoc Amphitruone iam alterum mirum est magis.

AM.> Nescioquis praestigiator hanc frustratur mulierem. 830

AL. Per supremi regis regnum iuro et matrem familias
Iunonem, quam me uereri et metuere est par maxime,

AN Juntos?

AL   Juntos.

SO   Ai! Esse banquete não me agrada.   805

AN Para! Deixa que ela explique tudo. E depois de que jantamos?

AL Foste dormir: a mesa foi então tirada; fomos, de lá, pro quarto.

AN Onde tu deitaste?

AL   No mesmo quarto teu, na mesma cama.

AN É o fim!

SO   Que foi?

AN   Assim, ela me entrega à morte.

AL Como, amor?

AN   Não me chames assim.

SO   Que foi?

AN   Triste, morro.   810

Quando estive ausente, um crime se abateu por sobre a honra dela.

AL Diz, meu homem, por favor, por que de ti escuto isso, por Cástor!

AN Dizes "meu homem"? Não me vai chamar por nomes falsos, falsa!

SO Fica mesmo complicado se, de homem, ele virou agora mulher...[4]

AL Diz o que eu fiz, aquilo pelo que, a mim, são ditas essas coisas.   815

AN Tua conduta as disse, e agora ainda me perguntas onde erraste?

AL Onde errei contigo se, por ser a tua esposa, contigo estive?

AN Tu, comigo? Que outra é mais audaz que esta sem-vergonha?

   Pelo menos, se não tens vergonha própria, empresta alguma então!

AL Esse crime, o qual tu insinuas, não convém à nossa estirpe.   820

   Tu, se queres me flagrar na impudicícia, jamais vais conseguir.

AN Pelos deuses imortais! Ao menos tu, Sósia, me conheces?

SO Mais ou menos.

AN   Ontem não jantei no barco, lá no porto pérsico?

AL Tenho testemunhas, eu também, que atestam o que digo.

SO Eu não sei o que dizer desse negócio, exceto que, talvez,   825

   outro Anfitrião exista, o qual, sempre que estás ausente, cuida

   dos negócios por aqui e, em tua ausência, cumpre o teu papel.

   Foi bastante estranho aquilo do outro Sósia, com certeza,

   é, porém, bem mais estranho isso desse outro Anfitrião, decerto.

AN Esta aí foi enganada, só não sei quem foi o feiticeiro.   830

AL Pelo reino do supremo rei eu juro, e pela matriarca Juno,

   essa a quem é minha obrigação primeira respeitar e venerar:

Vt mihi extra unum te mortalis nemo corpus corpore
Contigit, quo me impudicam faceret.

AM.   Vera istaec uelim.

AL. Vera dico, sed nequiquam, quoniam non uis credere.   835

AM. Mulier es, audacter iuras.

AL.   Quae non deliquit, decet
Audacem esse, confidenter pro se et proterue loqui.

AM. Satis audacter.

AL.   Vt pudicam decet.

AM.   †In uerbis proba's.

AL. Non ego illam mihi dotem duco esse, quae dos dicitur,
Sed pudicitiam et pudorem et sedatum cupidinem,   840
Deum metum, parentum amorem et cognatum concordiam,
Tibi morigera atque ut munifica si*m* bonis, prosim probis.

SO. Ne ista edepol, si haec uera loquitur, examussim est optima.

AM. Delenitus sum profecto ita, ut me qui sim nesciam.

SO. Amphitr*u*o es profecto; caue sis ne tu te usu perduis,   845
Ita nunc homines inmutantur, postquam peregre aduenimus.

AM. Mulier, istam rem inquisitam certum est non amittere.

AL. Edepol me libente facies.

AM.   Quid ais? Responde mihi:
Quid si adduco tuum cognatum huc ab naui Naucratem,
Qui mecum una uectus*t* una naui, atque is si denegat   850
Facta quae tu facta dicis, quid tibi aequum est fieri?
Numquid causam dicis, quin te hoc multem matrimonio?

AL. Si deliqui, nulla causa est.

AM.   Conuenit. Tu, Sosia,
Duc hos intro. Ego huc ab naui mecum a*d*ducam Naucratem. –

SO. Nunc quidem praeter nos nemo est; dic mihi uerum serio: 855
Ecquis alius Sosia intust, qui me*i* similis siet?

AL. Abin hinc a me, dignus domino seruus?

SO.   Abeo, si iubes. –

AL. Nimis ecastor facinus mirum est, qui illi conlibitum siet
Meo uiro, sic me insimulare fals*o* facinus tam malum.
Quidquid est, iam ex Naucrate cognato id cognoscam meo.   860

salvo tu, mortal nenhum tocou meu corpo com seu corpo
tendo feito eu me tornar impura.

AN   Antes fosse verdade.

AL Digo a verdade, mas em vão, pois tu não queres crer.   835

AN És mulher, juras por audácia.

AL   Aquela que não erra
deve ser audaz e, com firmeza e confiança em si, expressar-se.

AN Muito audaz!

AL   Tal manda a honra.

AN   Nas palavras, és proba.

AL Eu não trago como dote aquilo que se diz ser dote;
trago, pois, a castidade, a honra e o domínio dos desejos,   840
o temor ao deus, o amor aos pais, a harmonia com o cônjuge;
sou-te complacente, compassiva aos bons e útil aos probos.

SO Essa aí, por Pólux, se fala a verdade, é correta, perfeita!

AN Tanto me encantou teu discurso que nem sei quem sou.

SO És Anfitrião; mas cuides pra que tu não te percas de ti,   845
tal a forma que as pessoas mudam desde que pra cá voltamos.

AN Não convém deixar pra lá, mulher, uma questão já posta.

AL Deixas-me feliz, por Pólux!

AN   Como assim? Diz-me:
caso eu traga aqui, do barco, o Náucrates, o teu parente,
já que viajou comigo no mesmo barco, e ele então negar   850
esses fatos que me dizes, o que seria justo fazer contigo?
Tu darias um motivo pra que eu não termine o casamento?

AL Se falhei, não há nenhum motivo.

AN   Certo. Sósia,
leva-os pra dentro. Do barco, o Náucrates virá aqui comigo.

SO Já que agora só restamos nós, me fale com sinceridade: 855
outro Sósia, por acaso, está lá dentro, um assim igual a mim?

AL Some, servo digno do dono.

SO   Se ordenas, eu sumo.

AL Cástor! Esse crime é muito horrível pra que meu marido
se deleite me acusando em falso de uma falta assim infame.
Seja lá o que for, pelo Náucrates, o meu parente, vou saber.   860

\<ACTVS III>

IVPPITER

IVP. Ego sum ille Amphitruo, cui est seruos Sosia,
Idem Mercurius qui fit, quando commodumst,
In superiore qui habito cenaculo,
Qui interdum fio Iuppiter, quando lubet.
Huc autem quo\<m> extemplo aduentum adporto, ilico   865
Amphitruo fio et uestitum inmuto meum.
Nunc huc honoris uostri uenio gratia,
Ne hanc incohatam transigam comoediam.
Simul Alcumenae, quam uir insontem probri
Amphitruo accusat, ueni ut auxilium feram.   870
Nam mea sit culpa, quod egomet contraxerim,
Si id Alcumenae | innocenti | expetat.
Nunc Amphitruonem memet, ut occepi semel,
Esse adsimulabo | atque in horum familiam
Frustrationem | hodie iniciam maxumam.   875
Post igitur demum faciam res fiat palam,
Atque Alcumenae in tempore auxilium feram,
Faciamque ut uno fetu, et quod grauida est uiro,
Et me quod grauidast, pariat sine doloribus.
Mercurium iussi me continuo consequi,   880
Si quid uellem imperare. Nunc hanc adloquar.

ALCVMENA   IVPPITER

AL. Durare nequeo in aedibus. Ita me probri,
Stupri, dedecoris a uiro argutam meo!
Ea quae sunt facta †infectare est at †clamitat;
Quae neque sunt facta neque ego in me admisi, arguit,   885
Atque id me susque deque esse habituram putat.

Arco III

Júpiter e Alcmena
<diuerbium>

JU Eu sou o Anfitrião de quem o Sósia é servo,
aquele em que Mercúrio, quando é útil, muda-se;
Sou eu que habito ali, naquele andar superior,
e às vezes, quando quero, em Júpiter me mudo.
Porém, tão logo eu tenho a minha entrada aqui,   865
me mudo em Anfitrião e modifico minha roupa.
Agora eu venho aqui em vossa honra e graça,
assim conduzo ao fim essa comédia começada.
À insonte Alcmena, que de traição Anfitrião,
o esposo, acusa, eu vou levar o meu socorro.   870
Porque seria minha culpa se o que eu cometi
somente sobre a inocente Alcmena recaísse.
Eu mesmo, agora, em Anfitrião, como antes vim,
estou dissimulado e contra toda a sua família,
ainda hoje, vou lançar uma grande confusão.   875
Depois, então, por fim, eu conto a todos tudo
e levo, a tempo, o meu auxílio para Alcmena:
farei que ao filho do marido e ao meu também,
sem dor nenhuma, dê à luz com um só parto.
Mandei Mercúrio me seguir imediatamente,   880
assim o guio como quero. Vou falar com ela.

AL Não posso mais ficar em casa! De desonra,
infâmia e traição sou acusada pelo meu marido.
Com isso, mancha-se o que foi, mas ele grita;
e as coisas que não foram e eu não fiz, afirma   885
e pensa que eu não vou levar em conta nada disso.

Non edepol faciam neque me perpetiar probri
Falso insimulatam, quin ego illum aut deseram
Aut satis faciat mihi ille atque adiuret insuper
Nolle esse dicta quae in me insontem protulit.   890

IVP. Faciundum est mihi illud fieri quod illaec postulat,
Si me illam amantem ad sese studeam recipere
Quando ego quod feci, factum id Amphitruoni offuit
Atque illi dudum meus amor negotium
Insonti exhibuit, nunc autem insonti mihi   895
Illius ira in hanc et maledicta expetent.

AL. <S>ed eccum uideo, qui me miseram | arguit
Stupri, dedecoris.

IVP.   Te uolo, uxor, conloqui.
Quo te auertisti?

AL.   Ita <ingenti> ingenium meum est:
Inimicos semper osa sum optuerier.   900

IVP. Heia autem, inimicos?

AL.   Sic est, uera praedico;
Nisi etiam hoc falso dici insimulaturus es.

IVP. Nimis iracunda es.

AL.   Potin ut abstineas manum?
Nam certo si sis sanus aut sapias satis,
Quam tu inpudicam esse arbitrere et praedices,   905
Cum ea tu sermonem nec ioco nec serio
Tibi habeas, nisi sis stultior stultissimo.

IVP. Si dixi, nihilo magis es neque ego esse arbitror,
Et id huc reuorti |, ut me purgarem tibi.
Nam numquam quicquam meo animo fuit aegrius   910
Quam postquam audiui te<d> esse iratam mihi.
Cur dixisti? Inquies. Ego expediam tibi.
Non edepol quo te esse impudicam crederem;
Verum periclitatus sum animum tuum,
Quid faceres et quo pacto id ferre induceres.   915
Equidem ioco illa dixeram dudum tibi,
Ridiculi causa. Vel hunc rogato Sosiam.

AL. Quin huc adducis meum cognatum Naucratem,
Testem quem dudum te adducturum dixeras,

Por Pólux, não vou agir assim nem tolerar infâmia
em falso imposta a mim: então, ou vou deixá-lo,
ou vai me dar explicações e, além de tudo, jurar
que, a mim, uma inocente, não quis dizer aquilo.   890

JU Eu tenho que fazer acontecer o que ela diz
se anseio ser aceito junto dela como amante.
Bem como fiz Anfitrião sofrer com os feitos meus,
e a ele, insonte, há pouco o meu amor causou
problemas, também em mim agora, insonte,   895
recaem a bronca dela e a ira contra o outro.

AL Pois vejo aquele que a mim, coitada!, acusa
de infâmia e desonra?

JU   Quero te falar, esposa.
Por que me dás as costas?

AL   Eis minha índole:
de frente eu sempre detestei olhar meus inimigos.   900

JU Mas onde inimigo?

AL   É isso, falo sério;
exceto se disseres que outra vez estou mentindo.

JU Estás bem brava.

AL   Tira a tua mão de mim.
Por certo, se estás são ou se tens juízo o bastante,
com aquela que julgaste e proclamaste impudica,   905
com ela os teus assuntos, a sério ou só por troça,
não deves ter, exceto se dos tolos fores o maior.

JU Se disse, não é mais, nem acho que ainda seja.
Então eu volto aqui pra desculpar-me contigo,
pois nunca houve nada mais doído para mim   910
que ouvir-te dizendo que estavas irada comigo.
"Por que falaste?", perguntas. Eu te esclareço.
Não posso crer, por Pólux, que sejas impudica;
estava, na verdade, testando teus sentimentos,
pra ver o que farias e como levarias isso tudo.   915
O que eu te disse há pouco foi por diversão,
pra rirmos. Pergunte ao Sósia, se tu quiseres.

AL Por que não trazes meu parente Náucrates?
Ainda há pouco, disseste ser a tua testemunha

Te huc non uenisse?

IVP. Si quid dictum est per iocum, 920
Non *a*equum est id te serio praeuortier.

AL. Ego illum scio quam doluerit cordi meo.

IVP. Per dexteram tuam te, Alcumena, oro obsecro,
Da mihi | hanc ueniam, ignosce, irata ne sies.

AL. Ego istaec feci uerba uirtute irrita. 925
Nunc quando factis me impudicis abstin*i*,
Ab impudicis dictis auorti uolo.
Valeas, tibi habeas res tuas, reddas meas.
Iuben m*i* ire comites?

IVP. Sanan es?

AL. Si non iubes,
Ibo egomet; comitem mihi Pudicitiam duxero. 930

IVP. Mane, arbitratu tuo ius iurandum dabo,
Me meam pudicam esse uxorem arbitrarier.
Id ego si fallo, tum te, summe Iuppiter,
Quaeso Amphitr*u*oni ut semper iratus sies.

AL. A, propitius sit potius!

IVP. Confido fore; 935
Nam ius iurandum uerum te aduorsum dedi.
Iam nunc irata non es?

AL. Non sum.

IVP. Bene facis.
Nam in hominum aetate multa eueniunt huius modi:
Capiunt uoluptates, capiunt rursum miserias;
Irae interueniunt, redeunt rursum in gratiam. 940
Verum irae si quae forte eueniunt huius modi
Inter eos, rursum si reuentum in gratiam est,
Bis tanto amici sunt inter se quam prius.

AL. Primum cauisse oportuit ne diceres;
Verum eadem si isdem purgas mihi, patiunda sunt. 945

IVP. Iube uero uasa pura adornari mihi,
Vt quae apud legionem uota uoui, si domum
Rediissem saluus, ea ego | exsoluam omnia.

AL. Ego istuc curabo.

IVP. Euocate huc Sosiam,

de que não vieste aqui.

JU   Se algo é dito pra brincar,   920
não é correto que assim, tão a sério, seja levado.

AL Eu sei o quanto isso feriu meu coração.

JU Por tua destra, Alcmena, peço, imploro:
me dê o teu perdão, esquece, não te inflama.

AL Com a minha honra, fiz vãs as tuas palavras.   925
E como eu já me afastei das ações impudicas,
também me distancio de discursos impudicos.
Adeus. As tuas coisas pega; as minhas devolve.
Indicas companhia?

JU   Estás sã?

AL   Se não indicas,
eu vou sozinha. A Castidade é minha companhia.   930

JU Espera. Eu vou jurar, então, do jeito que desejas,
que casta eu julgo, e com certeza, minha esposa.
Se eu finjo isso, peço a ti, então, ó Sumo Júpiter,
que fiques para todo o sempre irado com Anfitrião.

AL Que seja a ti propício!

JU   Creio que será,   935
porque, jurando, dei-te um verdadeiro juramento.
Estás irada ainda?

AL   Não.

JU   Fazes bem,
porque, na vida, isso sempre ocorre aos homens:
conseguem o prazer, depois conseguem o pesar;
irrompem furiosos, mas depois em paz retornam.   940
Porém, se essas contendas entre eles, por acaso,
ocorrem e se, depois, retornam ao entendimento,
serão duas vezes mais amigos entre si que antes.

AL Primeiro, é bom cuidar pra não falar aquilo;
porém, se a mim pedes desculpas, devo aceitá-las.   945

JU Ordena que adornem os sacros vasos para mim,
pois todas as promessas prometidas junto às tropas
pra salvos retornarmos para casa, eu vou cumprir.

AL Eu cuido disso.

JU   Chama Sósia aqui.

Gubernatorem, qui in mea naui fuit, 950
Blepharonem arcessat, qui nobiscum prandeat.
Is adeo inpransus – ∪ ludificabitur,
Cum ego Amphitruonem collo hinc obstricto traham.
AL. Mirum quid solus secum secreto ille agat.
Atque aperiuntur aedes; exit Sosia. 955

SOSIA IVPPITER ALCVMENA

SO. Amphitruo, assum; si quid opus est, impera, imperium exequar.
IVP. <Sosia> optume aduenis.
SO. Iam pax est inter uos duos?
Nam quia uos tranquillos uideo, gaudeo et uolupe est mihi.
Atque ita seruum par uidetur frugi sese instituere:
Proinde eri ut sint, ipse item sit; uultum e uultu comparet; 960
Tristis sit, si eri sint tristes; hilarus sit, si gaudeant.
Sed age responde; iam uos redistis in concordiam?
IVP. Derides, qui scis haec [iam] dudum me dixisse per iocum.
SO. An id ioco dixisti |? Equidem serio ac uero ratus.
IVP. Habui expurigationem: facta pax est.
SO. Optume est. 965
IVP. Ego rem diuinam intus faciam, uota quae sunt.
SO. Censeo.
IVP. Tu gubernatorem a naui huc euoca uerbis meis
Blepharonem, <q>ui re diuina facta mecum prandeat.
SO. Iam hic ero, cum illic censebis esse me.
IVP. Actutum huc redi. –
AL. Numquid uis, quin abeam iam intro, ut apparentur quibus opust? 970
IVP. I sane et quantum potest parata fac sint omnia.
AL. Quin uenis quando uis intro? Faxo haud quicquam sit morae.
IVP. Recte loquere et proinde diligentem ut uxorem decet. –

Que mande vir o Blefarão, que foi o timoneiro 950
do meu navio, pra que ele jante junto conosco.
Pois sem comer [...] será logrado quando aqui,
com a corda no pescoço, eu trouxer o Anfitrião.

AL Estranho que ele fale, só, consigo mesmo...
Mas eis que as portas se abrem. Sósia está saindo. 955

Sósia, Júpiter e Alcmena
<*canticum* – rec. tr7>

SO Eis me aqui, Anfitrião. Se há trabalho, ordena, e eu cumpro.
JU Vens em boa hora, Sósia.
SO   A paz já está entre os dois?
Ora, porque os vejo calmos, eu me alegro: é um prazer pra mim.
É assim, ao que parece, que um bom escravo deve comportar-se:
como os amos se sentirem, deve estar; fazer do rosto dele o seu; 960
fica triste, caso esteja triste o amo; se ele sorri, se alegra.
Vai, responde, então: vós já voltastes ao entendimento?
JU É piada? Sabes tu que disse aquilo há pouco só por diversão.
SO Só por diversão disseste? Pensei ser coisa séria e verdadeira.
JU Já pedi desculpas: a paz foi feita.
SO   Isso é excelente! 965
JU Vou cumprir, lá dentro, os sacros encargos.
SO   De acordo.
JU Vai até o barco e chama o timoneiro Blefarão em meu nome;
diz pra que venha aqui comer comigo depois dos sacros encargos.
SO Quando achares que estou lá, já vou estar aqui.
JU   Volta logo.
AL Queres que eu entre e deixe preparado tudo de que precisas? 970
JU Claro, vai! E deixa preparado tudo o quanto for possível.
AL Entra quando tu quiseres. Vou fazer que não demore muito.
JU Falas bem, conforme a esposa diligente deve agir.

Iam hi<sce> ambo, et seruus et era, frustra sunt duo,
Qui me Amphitruonem rentur esse: errant probe. 975
Nunc tu diuine | huc fac adsis Sosia.
Audis quae dico, tametsi praesens non ades.
Fac Amphitruonem | aduenientem ab aedibus
Vt abigas; quouis pacto fac commentus sis.
Volo deludi illum, dum cum hac usuraria 980
Vxore nunc mihi morigero. Haec curata sint
Fac sis, proinde adeo ut uelle me<d> intellegis,
Atque ut ministres mihi, mihi cum sacruficem.

MERCVRIVS

Concedite atque abscedite omnes, de uia decedite,
Nec quisquam †tam audax fuat homo qui obuiam obsistat mihi. 985
Nam mihi quidem hercle qui minus liceat deo minitarier
Populo, ni decedat mihi, quam seruolo in comoediis?
Ille nauem saluam nuntiat aut irati aduentum senis:
Ego sum Ioui dicto audiens, eius iussu nunc huc me adfero.
Quam ob rem mihi magis par est uia decedere et concedere. 990
Pater uocat me, eum sequor, eius dicto imperio sum audiens.
Vt filium bonum patri esse oportet, itidem ego [ego] sum patri.
Amanti subparasitor, hortor, adsto, admoneo, gaudeo.
Si quid patri uolupest, uoluptas ea mihi multo maxumast.
Amat: sapit; recte facit, animo quando obsequitur suo; 995
Quod omnis homines facere oportet, dum id modo fiat bono.
Nunc Amphitruonem uult deludi meus pater; faxo probe
Iam hic deludetur, spectatores, uobis <in>spectantibus.
Capiam coronam mihi in caput, adsimulabo me esse ebrium.

Arco IV

Júpiter
<*diuerbium*>

O escravo e a dona foram ambos confundidos;
enganam-se, pois pensam que eu sou Anfitrião. 975
Divino Sósia, vem e te apresenta agora mesmo!
Escuta o que te digo, mesmo não estando aqui,
e faz Anfitrião, que vem pra cá, de casa ficar
distante. Faz o que achares melhor para isso.
Eu quero ele iludido, enquanto eu me divirto 980
com minha esposa usurada. Cuides que tudo
esteja pronto e entende ainda o que eu desejo;
me atende enquanto imolo em minha própria honra.

Mercúrio
<*canticum* – rec. ia8>

ME Sumi vós todos, desaparecei-vos, deixai livre o caminho!
E que ninguém se ache no direito de me atrapalhar o passo. 985
Por que pra mim, um deus, seria menos permitido ameaçar
se não sairdes do caminho que pra um escravo de comédia?
Se informa o escravo um barco a salvo ou velho irado vindo,
eu sou obediente a Jove e agora venho aqui por ordem dele.
Por isso é justo que desapareçais e libereis o meu caminho. 990
O pai me chama, já respondo. Sou obediente às suas ordens;
convém que o filho seja bom ao pai, tal como eu sou ao meu.
Amando, o parasito, exorto, assisto, aconselho e me alegro.
Se alguma coisa apraz meu pai, vai dar-me ainda mais prazer.
Se ama, sente: e age com razão de acordo com o seu espírito; 995
convém que todos façam desse jeito, desde que o façam bem.
Meu pai agora quer que eu engane Anfitrião: pois vou fazer
que seja grande o seu engano; ficai vendo, espectadores.
Primeiro ponho esse arco na cabeça e finjo estar bem bêbado;

Atque illuc sursum escendero; inde optume *a*spellam uirum   1000
De supero, cum huc accesserit; faciam ut sit madidus sobrius.
Deinde ill*i* actutum sufferet suus seruus poenas Sosia.
Eum fecisse ille hodie arguet, quae ego fecero hic: quid <id> mea?
Meo me aequumst morigerum patri; eius studio seruire addecet.
Sed eccum Amphitr*u*onem: aduenit. Iam ille hic deludetur probe,   1005

Siquidem uos uultis auscultando operam dare.
Ibo intro, ornatum capiam qui pot*i*s decet.
Dei*n* susum escendam in tectum, ut illum hinc prohibeam.

AMPHITRVO

Nau*c*ratem quem conuenire uolui, in naui non erat,
Neque domi neque in urbe inuenio quemquam qui illum uiderit;   1010
Nam omnis plateas perreptaui, gymnasia et myropolia;
Apud emporium atque in macello, in pal*a*estra atque in foro,
In medicinis, in tonstrinis, apud omnis aedis sacras
Sum defessus quaeritando, nusquam inuenio Naucratem.
Nunc domum ibo atque ex uxore hanc rem pergam exquirere, 1015
Quis fuerit quem propter corpus suum stupri compleuerit.
Nam me quam illam qu*a*estionem inquisitam hodie amittere
Mortuum satiu*s*t. Sed aedis occluserunt. Eugepae,
Pariter hoc fit atque ut alia facta sunt. Feriam foris.
Aperite hoc; heus, ecquis hic est? Ecquis hoc aperit ostium?   1020

MERCVRIVS   AMPHITRVO

ME. Quis ad for*i*s est?

AM.   Ego sum.

ME.   Quid 'ego sum'?

AM.   Ita loquor.

ME.   Tibi Iuppiter
Dique omnes irati certo sunt, qui sic frangas for*i*s.

AM. Quo modo?

ME.   Eo modo, ut profecto uiuas aetatem miser.

depois eu subo ali, um bom lugar pra escorraçar o homem;   1000
conforme for chegando, do alto farei que o sóbrio fique ébrio,
e então o seu escravo Sósia sem demora vai sofrer as penas.
Vai ser culpado de ter feito o que eu fizer aqui: e eu com isso?
É minha obrigação obedecer meu pai, convir a seus impulsos.
Mas eis que Anfitrião vem vindo: agora engano ele bem bonito,   1005

<diuerbium — ia6>

se acaso vós quereis de fato ouvir com atenção.
Eu vou entrar e pôr, dos bêbados, o arquinho.
Então eu subo no telhado e impeço que entre.

Anfitrião e Mercúrio

<canticum — rec. tr7>

AN Não estava no navio o Náucrates, que eu procurava,
nem em casa; e eu não acho na cidade quem o tenha visto.   1010
Todas as praças eu corri, os ginásios e as casas de perfume;
perto do mercado, e do empório, e da palestra; na farmácia,
pelo fórum, no barbeiro e junto a todos os sagrados templos.
Já cansei de procurar: em parte alguma encontro Náucrates.
Ora vou pra casa interrogar a minha esposa sobre tudo isso,   1015
quero que me diga quem a fez cobrir o corpo com desonras.
É melhor morrer agora mesmo que deixar sem ter resposta
essa pergunta. E a casa está trancada: mas que maravilha!
Fazem isso como fazem outras coisas. Vou bater na porta.
Ei! Abri! Tem alguém em casa? Alguém abre essa porta?   1020

ME Quem esta aí?
AN   Sou eu.
ME   Quem "sou eu"?
AN   Quem fala.
ME Jove e os outros devem ter-se irado contigo, que parte a porta.
AN Como!?
ME   Transformando sua vida em algo miserável.

AM. Sosia!

ME.   Ita: sum Sosia, nisi me esse oblitum existimas.
Quid nunc uis?

AM.   Sceleste, at etiam quid uelim, id tu me rogas?   1025

ME. Ita, rogo: paene effregisti, fatue, foribus cardines.
An foris censebas nobis publicitus praeberier?
Quid me aspectas, stolide? Quid nunc uis tibi aut quis tu es homo?

AM. Verbero, etiam quis ego sim me rogitas, ulmorum Accheruns?
Quem pol ego hodie ob istaec dicta faciam feruentem flagris.   1030

ME. Prodigum te fuisse oportet olim in adulescentia.

AM. Quidum?

ME.   Quia senecta aetate a me mendicas malum.

AM. Cum cruciatu tuo istaec hodie, uerna, uerba funditas.

ME. Sacrufico ego tibi.

AM.   Qui?

ME.   Quia enim te macto infortunio.

* * * * * * * * * * * * * * * * * *
* * * * * * * * * * * * * * * * * * *
* * * * * * * * * * * * * * * *

\<FRAGMENTA\>

<AM.> At ego *te* cruce et cruciatu mactabo, mastigia.   **I**

<ME.> Erus Amphitruo\<st\> occupatus.   **II**

<ME.> Abiendi nunc tibi etiam occasio est.   **III**

<ME.> Optimo iure infringatur aula cineris in caput.   **IV**

<ME.> Ne tu postules matulam unam tibi †aquam infundi in caput.   **V**

<ME.> Laruatu's. Edepol hominem miserum! Medicum quaerita[t].   **VI**

AN Sósia!

ME   Isso, sou Sósia; salvo creias que eu me esqueci.
Diz, que queres?

AN   Praga! E ainda me perguntas o que quero?   1025

ME Sim, pergunto, pois por pouco não partiu a porta, sua besta!
Pensas que nos deram essa porta com dinheiro dos impostos?
Olhas o quê, seu babaca? O que procuras aqui? Quem és tu?

AN Monstro! Perguntas quem eu sou, seu Aqueronte de varas!
Pólux! Hoje, por essas besterias, farei soar o açoite até que fervas!   1030

ME Com certeza deves ter desperdiçado muito quando jovem.

AN Sério?

ME   Sim, por isso agora mendigas, de mim, bobagens.[5]

AN Vais pagar palavras com teu couro, crápula, hoje mesmo!

ME Vou te imolar.

AN   O quê?

ME   Pro teu azar, te imolo.

\<Fragmentos\>

AN. Eu que vou te imolar, tratante, num suplício, numa cruz!   **I**

ME Meu senhor Anfitrião 'tá ocupado.   **II**

ME Parta agora que ainda tens chance.   **III**

ME Boa ideia arrebentar um pote de borralhos na cabeça.   **IV**

ME Queres que derrame um balde d'água em tua cabeça?   **V**

ME Pólux! Ele está possuído! Pobre homem. Chamai um médico!   **VI**

<AL.>Exiurauisti te mihi dixe per iocum.   **VII**

<AL.>Quaeso, aduenienti morbo medicari iube: **VIII**
    Tu certe aut laruatus aut cerritus *es*.

<AL.> Nisi hoc ita factum est, proinde ut factum esse autumo,   **IX**
    Non causam dico *q*uin *uero in*simules probri

<AM.>†Cuiusque† me absente corpus uolga*uit* suum.   **X**

<AM.>Quid minitabas te facturum, si istas pepulissem for*i*s?   **XI**

<AM.>Ibi scrobes effodito plus sexagenos in dies.   **XII**

<AM.>No*l*i pessim*o* precari.   **XIII**

<BL.>Animam comprime.   **XIV**

<IVP.>Manifestum hunc obtorto collo teneo furt*i* flagit*i*.   **XV**

<AM.>Immo ego hunc, Thebani ciues, qui domi uxorem meam   **XVI**
    Impudicitia impediuit, teneo, thesaurum stupri.

<AM.>N*i*lne te pudet, sceleste, populi in conspectum ingredi?   **XVII**

<AM.>Clandestino   **XVIII**

<IVP. / AM.> Qui neque*a*s nostrorum uter sit Amphitr*u*o decernere.   **XIX**
    Non ego te noui naualis scriba, columbar[i] impudens?]   **[XX**

Arco V

Alcmena, Anfitrião, Júpiter e Blefarão
<*diuerbium* – ia6>

<AL> Juraste que me disseste só por diversão. **VII**

<AL> Pois mandes quem vem vindo te curar do mal que tens, **VIII**
    por certo estás possesso ou foste tomado por fantasmas.

<AL> Se acaso não foi do mesmo jeito que estou dizendo, **IX**
    não digo a causa verdadeira por que me acusas de desonra.

<AN> ... de quem prostituiu teu corpo enquanto estive ausente. **X**

<*canticum* – rec. tr7>

<AN> Diz: o que ameaçaste fazer se eu batesse na porta? **XI**

<AN> Vais cavar buracos todo dia, mais de sessenta, ali. **XII**

<AN> Não assista alguém tão mal. **XIII**

<BL> Guarda o fôlego. **XIV**

<JU> Trago aqui, pelo pescoço, o ladrão confesso, pego em flagrante. **XV**

<AN> Na verdade, cidadãos tebanos, eu que o pego, este que na minha **XVI**
    casa rodeou a minha esposa de imoralidades. Poço de infâmias!

<AN> Não te dá vergonha, seu safado, andar em meio ao povo? **XVII**

<AN> Clandestinamente. **XVIII**

<AN *ou* JU> Tu não és capaz de divisar em nós quem é Anfitrião. **XIX**
    [Pois não te conheço, escriba naval, chefe impudente de navio? **XX**]

\<ACTVS IV\>

* * * * * * * * * * * * * * * * * *
* * * * * * * * * * * * * * * * * *
* * * * * * * * * * * * * * * * * *

\<BLEPHARO AMPHITRVO IVPPITER\>

* * * * * * * * * * * * * * * * * *

<BL.> Vos inter uos partite: ego abeo, mihi negotium est.   1035
 Neque ego umquam usquam tanta mira me uidisse censeo.
AM. Blepharo, quaeso ut aduocatus mihi adsis neue abeas.
BL.   Vale.
 Quid opust me aduocato, qu*i* utri sim aduocatus nescio? –
IVP. Intro ego hinc eo; Alcumena parturit.
AM.   Perii miser.
 Quid ego – ⏜ quem aduocati iam atque amici deserunt?   1040
 Numquam edepol me inultus istic ludifica*b*it quisquis est.
 [Nam] Iam ad regem recta me ducam resque ut facta est eloquar.
 Ego pol illum ulciscar hodie Thessalum ueneficum,
 Qui peruorse perturbauit familiae mentem meae.
 Sed ubi illest? Intro edepol abiit, credo, ad uxorem meam.   1045
 Qui me Thebis alter uiuit miserior? Quid nunc agam?
 Quem omnes mortales ignorant et ludificant ut lubet.
 Certu*m*st, intro rumpam in aed*i*s: ubi quemque hominem aspexero,
 Si[ue] ancillam, seu seruom, siue uxorem, siue adulterum,
 Seu patrem, siue auum uidebo, obtruncabo in aedibus.   1050
 Neque me Iuppiter neque di omnes id prohibebunt, si uolent,
 Quin sic faciam ut\<i\> constitui; pergam in aed*i*s nunciam.

<BL> Vós, entre vós, vos dividis. Vou partir, tenho meus problemas.   1035
Acho que nunca vi em parte alguma tanta coisa estranha desse jeito.
AN Peço-te, Blefarão, permaneça aqui e me defenda.
BL   Certo.
Mas que devo eu defender, eu que nem mesmo sei a quem defendo?
JU Vou pra dentro, Alcmena vai parir.
AN   Pobre de mim, morri!
Como vou agir se meus amigos e meus defensores me deixaram?   1040
Nunca vão, por Pólux, me enganar impunes, seja lá quem forem!
Vou-me agora mesmo ao rei e as coisas que fizeram vou falar.
Hoje mesmo, Pólux!, eu me vingo desse bruxo da Tessália,
esse que perversamente perturbou-me a mente e minha casa.
Onde foi? Por Pólux, foi pra dentro, acho, até a minha esposa!   1045
Há, em Tebas, outro desgraçado como eu? O que farei agora,
eu, que todos os mortais desprezam e enganam como querem?
Vou entrar à força em casa, é isso mesmo: quando vir alguém,
seja a escrava, seja o escravo, seja a esposa ou seja o traidor,
seja o pai, ou seja o avô, degolo ali, na hora, em casa mesmo.   1050
Nem que Jove e os outros deuses queiram, podem me conter:
vai acontecer exatamente como eu disse. Vou entrar em casa.

\<ACTVS V\>

BROMIA   AMPHITRVO

BR. Spes atque opes uitae meae iacent sepultae in pectore,
Neque ullast confidentia iam in corde quin amiserim.
Ita mihi uidentur omnia, mare, terra, caelum, consequi,   1055
Iam ut opprimar, ut enicer. Me miseram! Quid agam nescio.
Ita tanta mira in aedibus sunt facta. Vae miserae mihi!
Animo malest, aquam uelim; corrupta sum atque absumpta sum.
Caput dolet, neque audio, nec oculis prospicio satis,
Nec me miserior femina est neque ulla uideatur magis.   1060
Ita erae meae hodie contigit: nam ubi parturit, deos [sibi] inuocat,
Strepitus, crepitus, sonitus, tonitrus. Vt subito, ut prope, ut ualide tonuit!
Vbi quisque institerat, concidit crepitu. Ibi nescioquis maxuma

Voce exclamat: 'Alcumena, adest auxilium, ne time;
Et tibi et tuis propitius caeli cultor aduenit.   1065

Exsurgite' inquit 'qui terrore meo occidistis prae metu'.
Vt iacui, exsurgo; ardere censui aedis, ita tum confulgebant.
Ibi me inclamat Alcumena; iam ea res me horrore adficit.
Erilis praeuertit metus; accurro, ut sciscam quid uelit;
Atque illam geminos filios pueros peperisse conspicor.   1070
Neque nostrum quisquam sensimus, quom peperit, neque prouidimus.

Sed quid hoc? Quis hic est senex, qui ante aedis nostras sic iacet?
Numnam hunc percussit Iuppiter?

Credo edepol; nam pro Iuppiter! Sepultust quasi sit mortuus.
Ibo ut cognoscam, quisquis est. Amphitruo †hic quidem erus meus. 1075
Amphitruo!

AM.   Perii.

Brômia e Anfitrião
<canticum – rec. ia8[6]>

BR No peito jazem sepultas as esperanças e riquezas de minha vida,
não há no coração qualquer certeza que eu já não tenha perdido.
Assim as coisas todas me parecem: terra, mar e céu me seguem,   1055
me oprimem, me matam. Pobre de mim! Não sei o que eu farei,
pois tantas coisas espantosas se deram em casa! Ai, pobre de mim!
O espírito padece, eu preciso de água; estou acabada, destruída!
Não ouço, nem vejo direito com meus olhos! Minha cabeça dói.
Nem há mulher mais mísera, nem pode havê-la, ao que parece.   1060
Assim se deu com minha ama: ao invocar os deuses para o parto,
retumbo, estouro, estalo, estrondo: então, de pronto, um forte trovão!
E todos caem, com o estouro, onde estavam; nisso, alguém com intensa
<canticum – rec. tr7>
voz bradou: "Não teme, Alcmena, o seu auxílio se aproxima.
Vem pra cá, a ti e aos teus propício, um morador dos céus".   1065
<canticum – rec. ia8>
"Levantem," disse, "os que caíram por medo dos meus portentos."
Caída, me levanto; pensei em chamas a casa, tanto que brilhava.
Alcmena então começa a me chamar, e isso já me causa horror.
Os medos da senhora vêm primeiro; corro pra ver o que queria;
e então enxergo os dois meninos gêmeos que ela trouxe à luz.   1070
Nenhum de nós notou ao vê-la dando à luz, e nem previra isso.
<canticum – rec. tr7[7]>
Mas o que é isso? Quem é o velho caído diante da nossa casa?
Foi, quem sabe, atingido por Júpiter?
<canticum – rec. ia8>
Eu creio que sim, por Pólux. Está caído como um morto, por Júpiter!
Será que o conheço? Vou ver. É sem dúvidas Anfitrião, o meu senhor. 1075
Anfitrião!

AN   Estou morto.

BR.	Surge.
AM.	Interii.
BR.	Cedo manum.
AM.	Quis me tenet?
BR.	Tua Bromia ancilla.

AM. Totus timeo, ita me*d* increpuit Iuppiter.
Nec secus est quasi si ab Accherunte ueniam. Sed quid tu foras
Egressa es?

BR. Eadem nos formido timidas terrore impulit.
In aedibus, tu ubi habitas, nimia mira uidi. Vae mihi, 1080
Amphitr*u*o|: ita mihi animus etiam nunc abest.

AM. Agedum expedi:
Scin me tuom esse erum Amphitr*u*onem?

BR. Scio.

AM. Vide etiam nunc.

BR. Scio.

AM. Haec sola sa*n*am mentem gestat meorum familiarium.

BR. Immo omnes sani sunt profecto.

AM. At me uxor insanum facit
Suis foedis factis.

BR. At ego faciam tu idem ut aliter praedices, 1085

Amphitr*u*o, piam et pudicam esse tuam uxorem ut scias.
De ea re signa atque argumenta paucis uerbis eloquar.
Omnium primum Alcumena geminos peperit filios.

AM. Ain tu, geminos?

BR. Geminos.

AM. Di me seruant.

BR. Sine me dicere,
Vt scias tibi tuaeque uxori deos esse omnis propitios. 1090

AM. Loquere.

BR. Postquam parturire hodie uxor occepit tua,
*V*bi utero exorti dolores, ut solent puerperae,
Inuocat deos inmortal*i*s, ut sibi auxilium ferant,
Manibus puris, capite operto. Ibi continuo contonat
Sonitu maxumo. Aed*i*s primo ruere rebamur tuas; 1095
Aed*e*s totae confulgebant tuae, quasi essent aureae.

BR	Levanta!
AN	Estou morto.
BR	Dê-me a mão.
AN	Quem me puxa?
BR	A tua escrava Brômia.
AN	Tremo todo, Jove me deixou assim.

AN Em nada difiro se voltasse do Aqueronte. Mas por que estás
aqui fora?

BR O mesmo medo impeliu-nos, tementes, com pavor.
Na casa em que habitas, vi coisas espantosas. Ai de mim,   1080
Anfitrião; minha alma ainda está ausente.

AN Anda, me diz:
acaso vês em mim seu amo Anfitrião?

BR	Sim.
AN	De novo.
BR	Sim.

AN De toda a minha casa, és a única que tens a mente sã.

BR Por certo, estamos todos sãos.

AN Mas minha esposa enlouqueceu-me
com tantos feitos vis.

BR Mas vou fazer que digas outra coisa,   1085

<canticum − rec. tr7>

meu Anfitrião: que é pudica e pia a tua esposa, como sabes bem;
disso, eu vou expor as provas e argumentos em poucas palavras.
Antes de todo o resto: Alcmena deu à luz filhos gêmeos.

AN Gêmeos?

BR Gêmeos.

AN Os deuses me valem!

BR Deixa-me falar:
tu saberás, então, o quanto a ti e à tua esposa os deuses são propícios. 1090

AN Fala.

BR Hoje, logo após a tua esposa começar o parto,
quando as dores romperam no ventre, como fazem as parturientes
ela invocou os deuses imortais pra que a ela trouxessem auxílio,
bem coberta a cabeça, as mãos bem limpas. Perto, então, retumba
nesse instante um trovão. Achamos que a tua casa vinha abaixo;   1095
tua casa estava inteira refulgindo, como tivesse sido feita de ouro.

AM. Quaeso, absoluito hinc me extemplo, quando satis deluseris.
Quid fit deinde?

BR.   Dum haec aguntur, interea uxorem tuam
Neque gementem neque plorantem nostrum quisquam audiuimus;
Ita profecto sine dolore peperit.

AM.   Iam istuc gaudeo,   1100
Vtut *me* erga merita est.

BR.   Mitte istaec, atque haec quae dicam accipe.
Postquam peperit, pueros lau*e*re iussit nos. Occepimus.
Sed puer ille quem ego laui, ut magnu*s*t et multum ualet!
Neque eum quisquam colligare quiuit incunabulis.

AM. Nimia mira memoras. Si istaec uera sunt, diuinitus   1105
Non metuo quin meae | uxori latae suppetiae sient.

BR. Magis iam faxo mira dices. Postquam in cunas conditu*s*t,
Deuolant angues iubati deorsum in impluuium duo
Maximi; continuo extollunt ambo capita.

AM.   Ei mihi!

BR. Ne paue. Sed angues oculis omnis circumuisere.   1110
Postquam pueros conspicati, pergunt ad cunas citi.
Ego cunas recess*i*m rursum uorsum trahere et ducere,
Metuens pueris, mihi formidans, tantoque angues acrius
Persequi. Postquam conspexit angu*i*s ille alter puer,
Citus e cunis exilit, facit recta in anguis inpetum,   1115
Alterum altera prehendit eos manu perniciter.

AM. Mira memoras; nimis formidolosum facinus praedicas.
Nam mihi horror membra misero percipit dictis tuis.
Quid fit deinde? Porro loquere.

BR.   Puer ambo angues enicat.
Dum haec aguntur, uoce clara exclamat uxorem tuam...   1120

AM. Quis homo?

BR.   Summus imperator diuum atque hominum Iuppiter.
Is se dixit cum Alcumena clam consuetum cubi*t*ibus,
Eumque filium suum esse, qui illos angu*i*s uicerit;
Alterum tuum esse dixit puerum.

AM.   Pol me haud p*a*enitet,
Si licet boni dimidium mihi diuidere cum Ioue.   1125
Abi domum, iube uasa pura actutum adornari mihi,

AN Deixa-me livre disso, por favor, assim que te satisfizeres.
Diz: e depois?
BR   Enquanto isso acontecia, a tua esposa, nisso,
nem gemendo e nem chorando qualquer um de nós pôde ouvir:
foi sem dores, por certo, que assim deu à luz.
AN   Isso me alegra,   1100
ela mereceu, apesar de tudo.
BR   Deixa disso; escuta o que direi.
Feito o parto, nos mandou que lavássemos os meninos. Nós fomos.
Só que o menino que eu lavei, como é grande e muito forte mesmo!
Nem eu mesma, ou qualquer outra, conseguimos pôr-lhe as fraldas.
AN Pois são feitos muito memoráveis. Caso sejam verdadeiros,   1105
não duvido que divina tenha sido a ajuda entregue à minha esposa.
BR Deixo ainda mais impressionante. Após ser posto no berço,
duas serpentes com cristas descendem, imensas, pelo implúvio;
ambas, imediatamente, levantam suas cabeças.
AN   Ai de mim!
BR Sem temores! Mas com os olhos as serpentes olham todos.   1110
Quando enxergam os meninos, velozes avançam sobre os berços.
Eu, pra trás afastando os berços, puxando e de novo empurrando,
muito pelos meninos temendo e por mim, tal as serpentes, feras,
nos seguiam. Depois que aquele outro menino viu as serpentes,
rápido partiu do berço e foi, com ímpeto, direto às serpentes: 1115
uma e outra, com muita agilidade, em suas mãos ergueu.
AN Feitos fantásticos! São formidolosas as ações que contas.
Um horror me toma inteiramente os membros com a tua fala.
Diz: e depois? Ligeiro, fala!
BR   O menino matou as serpentes.
Nisso, então, alguém com voz bem clara clama pela tua esposa.   1120
AN Homem?
BR   O sumo rei dos deuses e dos homens, Júpiter.
Disse que, em segredo, se deitou com Alcmena, a tua esposa,
que era filho dele o menino que as serpentes, aquelas, matou;
o outro, afirmou, é teu filho.
AN   Pólux! Não me desagrada
ter direito a dividir metade dos meus bens com Júpiter.   1125
Vai pra casa e ordena que me adornem logo os sacros vasos

Vt Iouis supremi multis hostiis pacem expetam.
Ego Teresiam coniectorem aduocabo et consulam
Quid faciundum censeat; simul hanc rem ut facta est eloquar.
Sed quid hoc? Quam ualide tonuit! Di, obsecro, uostram fidem!   1130

pra que eu chegue à paz com o sumo Jove com muitas vítimas.
Vou eu mesmo convocar o intérprete Tirésias para consultar
como eu devo agir; ao mesmo tempo conto o que passou aqui.
Mas o que é isso? Que trovão tão forte! Peço vossa fé, deuses!   1130

IVPPITER <AMPHITRVO>

<IVP.> Bono animo es; adsum auxilio, Amphitruo, tibi et tuis.
Nihil est quod timeas; hariolos, haruspices
Mitte omnis: quae futura et quae facta eloquar,
Multo adeo melius quam illi, quom sum Iuppiter.
Primum omnium Alcumenae usuram corporis   1135
Cepi et concubitu grauidam feci filio.
Tu grauidam item fecisti, cum in exercitum
Profectu's; uno partu duos peperit simul.
Eorum alter, nostro qui est susceptus semine,
Suis factis te inmortali adficiet gloria.   1140
Tu cum Alcumena uxore antiquam in gratiam
Redi. Haud promeruit quam ob rem uitio uorteres:
Mea ui subactast facere. Ego in caelum migro.

AMPHITR*VO*

<AM.> Faciam ita ut iubes et te oro, promissa ut serues tua.
Ibo ad uxorem intro; missum facio Teresiam senem.   1145
Nunc, spectatores, Iouis summi causa clare plaudite.

Arco VI

Júpiter e Anfitrião

<diuerbium – ia6>

JU Alegra-te; venho ajudar-te, Anfitrião, e aos teus.
Não tens o que temer; haríolos e harúspices
dispensa: vou falar o que será e o que já foi
melhor que eles, e muito, pois sou Júpiter.
Primeiro de tudo, em usura o corpo de Alcmena   1135
tomei e a deixei grávida, deitando-nos, de mim.
Deixaste-a grávida tu também, quando partiste
com exército; num só parto, deu à luz dois filhos.
Um deles, aquele que foi gerado do meu sêmen,
com os feitos seus, eternas vai trazer-te as glórias.   1140
Ao bom entendimento com tua esposa Alcmena
retorna: não mereceu a acusação que lhe fizeste:
eu fiz que atuasse como eu quis. Eu volto pro céu.

<canticum – rec. tr7>

AN Faço tal ordenas e rogo mantenhas tuas promessas.
Entro e vou atrás da minha esposa, deixo para lá Tirésias.   1145
Ora, espectadores, ao sumo Jove, calorosamente aplaudi.

Notas

[1] Em latim, *lumbifragium*. Neologismo plautino, empregado aqui e em Cas. 968: *de lumbi* ("lombos, rins") e *fragium*, derivado de *frangere* ("quebrar, esmagar"). Na tradução, optou-se por um neologismo em português: para isso, as letras iniciais de "ruptura" foram substituídas por "rim", criando "rimptura". [N.T.]

[2] O cabelo raspado à calva e o píleo, espécie de barrete, indicavam um escravo liberto. [N.T.]

[3] Esta fala de Sósia é construída a partir de um jogo de palavras em latim com *malum* ("maçã") e *malum* ("mal, punição"). Uma tradução mais afim à literalidade

poderia ser: "Na verdade, pois, tanto a maldade convém à grávida como que [lhe] seja dada uma maçã / para que tenha o que roer se o espírito começa a sentir-se mal." Sósia parece brincar com o mau humor das grávidas ("tanto a maldade convém à grávida") e com a fome e/ou o enjoo característico ("que [lhe] seja dada uma maçã"). A ambiguidade de *malum*, porém, faz com que a fala de Sósia possa ser vista como uma ameaça a Alcmena, prometendo-lhe não uma maçã, mas uma punição – possibilidade essa desfeita já no verso seguinte (724). Nesta tradução, optou-se pela manutenção do tom minaz da fala do escravo, bastante significativo para a caracterização do personagem e de seu tipo, que também se desfaz no verso seguinte. [N.T.]

[4] Há, nestes versos (812-4), um jogo de palavras com *uir*, que tanto significa "homem" como "marido". [N.T.]

[5] Novamente, aqui, há um jogo de palavras fundamentado na polissemia da forma *malum* (cf. a nota aos versos 723-4). Ora, levando em conta a ambiguidade da palavra, optou-se pela tradução "bobagem" ("coisa de pouco valor", mas também "asneira, inconveniência"), sentido este que foi reforçado pela tradução de *ob istaec dicta* (v. 1030) como "por essas besterias." [N.T.]

[6] O verso 1062, no original, é um octonário anapéstico.

[7] O verso 1073 é, no original, um tetrâmetro jâmbico.

Posfácio
As estruturas musicais do *Anfitrião*

A Comédia Latina, como já vimos, é um tipo de drama eminentemente musical: sua métrica está fundamentada na alternância entre versos performados com acompanhamento musical e versos performados sem o acompanhamento da música da tíbia. Mais do que um tipo de drama para ser lido, então, a *palliata* é uma produção teatral para ser ouvida e, claro, vista, seja pela performance dos atores, seja pela presença da dança em algumas das passagens mais líricas do texto. Das músicas executadas pelos tibícines (os tocadores de tíbia), porém, não nos restaram notações; por conta disso, o que se sabe sobre a musicalidade dessa produção foi estabelecido a partir de textos outros, sejam eles comentadores tardios, gramáticos ou autores menos ou mais contemporâneos aos comediógrafos do período republicano de Roma. Contudo, a ausência de fontes diretas que digam sobre as composições, apesar de configurar-se como uma perda extremamente lamentável, não resulta na impossibilidade de investigarmos a musicalidade das peças de Plauto e de Terêncio, uma vez que a metrificação empregada por esses autores, além de possuir ritmo próprio e bastante marcante, parece ter desempenhado um papel fundamental na composição das peças musicais que acompanhavam a encenação.

Dessa forma, então, o que se pretende aqui é investigar a relação que as diferentes estruturas métricas empregadas por Plauto no seu *Amphitruo* têm com outros elementos, como enredo, caracterização de personagens, delimitação de unidades de ação, exploração de diferentes afetos, momentos específicos da trama, etc. Sendo assim, as discussões realizadas na seção "As estruturas musicais da *palliata*" de nossa "Introdução" são fundamentais para a análise que aqui será apresentada. Conforme defendido por Marshall (2006), as sequências entre os *diuerbia* e os *cantica* realizadas pelos comediógrafos acabam determinando unidades dentro da peça, por ele chamadas de "arcos", que coincidem, na maioria dos casos, com mudanças de cena ou nas ações dos personagens. Esses arcos, por sua vez, acabariam influenciando a percepção que o público tem da peça, pois, ao mesmo tempo em que delimitam uma unidade padrão reconhecível (o arco sempre se inicia com um *diuerbium* e acaba em um *canticum*), mantêm a atenção dos espectadores, que nunca sabem quantos arcos uma peça terá, nem mesmo qual a extensão de cada um dos arcos. Pensando nessas grande estruturas, então, a divisão do *Amphitruo* proposta pelo autor, explicitada no quadro abaixo, será a base de análise aqui apresentada, que também levará em conta as interações que as estruturas internas de um arco levam a cabo.

Arco	Estrutura Geral	Estrutura Específica	Versos
I	*diuerbium*	senário jâmbico	01 – 152
	cantica	recitativo – ia^8	153 – 158
		canção	159 – 179
		recitativo – ia^8	180 – 218
		canção	219 – 247
		recitativo – $ia^8 + tr^7$	248 – 462
II	*diuerbium*	senário jâmbico	463 – 498
	cantica	recitativo – tr^7	499 – 550
		canção	551 – 585b
		recitativo – tr^7	586 – 632
		canção	633 – 653
		recitativo – tr^7	654 – 860
III	*diuerbium*	senário jâmbico	861 – 955
	cantica	recitativo – tr^7	956 – 973
IV	*diuerbium*	senário jâmbico	974 – 983
	cantica	recitativo – ia^8	984 – 1005
	diuerbium	senário jâmbico	1006 – 1008
	cantica	recitativo – tr^7	1009 – fr. VI
V	*diuerbium*	senário jâmbico	fr. VII – X
	cantica	recitativo – $ia^8 + tr^7$	fr. XI – 1130
VI	*diuerbium*	senário jâmbico	1131 – 1143
	cantica	recitativo – tr^7	1144 – 1146

Arco I (v. 1-462)

O primeiro arco é o mais longo da peça, ocupa cerca de 40% da sua extensão e, somado ao arco 2, encerra 860 dos 1146 versos totais do *Amphitruo* (75%), compreendendo o prólogo e a primeira cena, protagonizada por Sósia e Mercúrio. A cena entre o deus e o mortal é uma das mais significativas para a afirmação de que Plauto explorava ao máximo a potencialidade cômica de algumas das situações em que se encontravam seus personagens, já que, nesse caso, estende por cerca de trezentos versos uma ação que se inicia com a entrada de Sósia no palco, procede ao encontro com Mercúrio e se conclui com a sua expulsão pelo deus, culminando no seu retorno ao porto. Se do ponto de vista do desenvolvimento da trama a cena avança muito pouco, não se pode afirmar, porém, que seja pouco movimentada, e mesmo que o diálogo direto entre os personagens ocupe menos da metade dos versos que a compõem, uma série de apartes feitos pelos dois personagens, bem como os monólogos de Sósia sobre os acontecimentos que se deram antes de sua chegada à casa de Anfitrião garantem uma dinâmica bastante significativa no palco.

Se a trama do *Anfitrião* fosse disposta em uma linha do tempo que possibilitasse a visualização de seus momentos cruciais, seria possível observar que, no primeiro arco, a situação-problema que conduz a trama até o fim ainda não existe. Ou seja, no início da trama, a ação se desenvolve por um motivo diferente daquele pelo qual ela se encerra, embora seus acontecimentos influenciem, e muito, no estado de espírito que tomará conta de dois dos protagonistas da história, Anfitrião e Sósia. Levando-se em conta o prólogo de Mercúrio, o *diuerbium* que abre o primeiro arco, é possível perceber que sua construção dá suporte a esse fato, uma vez que, em toda a sua extensão, o deus não revela nada do que vai acontecer durante a peça, mas apenas narra os fatos que criaram as condições para que a ação tomasse forma. Há um só momento em que o deus revela algo do que vai acontecer: quando afirma que expulsará Sósia da casa de Anfitrião (v. 147-150: "Mas eis se achega o Sósia, escravo de Anfitrião; / Do porto agora vem pra cá com uma lanterna: / pra longe dessa casa vou mandar quem vem"). Essa revelação, porém, não nos diz da situação-problema principal da trama (a briga entre Alcmena e Anfitrião), conformando-se, em vez disso, como um de seus gatilhos. Nesse momento, é Júpiter quem tem um problema, pois não quer ser incomodado enquanto está no quarto com Alcmena; e se fosse essa a situação-problema principal, poderíamos dizer que a trama já se encerraria logo após o início do segundo arco, quando o deus supremo, satisfeito, deixa a casa de Anfitrião sem ser visto. É necessário, então, que outra situação se imponha aos personagens para que a peça possa continuar, mas ainda restam informações relevantes apresentadas no prólogo que merecem atenção.

Do ponto de vista de sua função expositiva, o prólogo de Mercúrio não fornece ao público informações sobre o reconhecimento final, nem sobre as confusões que vão ocorrer durante o período de tempo que dura a ação. Expondo, antes, as condições a partir das quais a peça se desenvolverá, Mercúrio acaba chamando a atenção para questões meta-teatrais presentes no enredo. Do esclarecimento da mortalidade de Júpiter (v. 24-31) à discussão sobre o gênero do *Amphitruo* (v. 50-63), nosso deus acaba preferindo colocar a própria peça em cena durante a exposição do prólogo. Sendo assim, os senários iniciais não necessariamente se atêm à história sobre a qual o enredo se desenvolve, e os últimos dois versos do prólogo (v. 151-152) funcionam como uma espécie de corolário dessa exposição: "Assistam: aos presentes vai ser obra de apreço / ver Júpiter e Mercúrio brincando de histriões." A metateatralidade é uma questão relevante para a *palliata* como um todo e, aqui, é colocada em destaque já no prólogo, isto é, em um *diuerbium*, a estrutura utilizada para a revelação de questões relevantes. Ao colocar em cena a peça, a sua atuação e a de Júpiter sem revelar qualquer informação sobre o desenrolar da trama, o deus transfere o foco da história para a própria encenação.

Terminado o prólogo, a ação tem início com uma mudança na estrutura métrica: do *diuerbium* passamos ao *canticum* com o qual Sósia entra em cena (v. 154-158):

> Um outro homem pode ser mais confiante e audaz que eu,
> que sei a praxe dos mais jovens e sozinho à noite caminho?
> O que farei se agora os guardas me arremessarem na cadeia?   155
> De lá me tiram amanhã e, então, me atiram pros açoites;
> não vão dizer-me qual a causa, nem terei apoio em meu amo,
> nem vai haver quem não me veja, de todos esses males, digno.

Em sua primeira fala, Sósia aparece alardeando bravura e coragem em octonários jâmbicos, um metro que, de acordo com Tobias, "[...] é mais bem descrito como um exagero cômico ou heroico, e ocorre quando um personagem geralmente de má reputação ou pomposo entra em cena exaltando seus feitos ou habilidades" (TOBIAS, 1922, p. 15). É justamente essa a situação nos recitativos de Sósia: à primeira vista, o escravo se mostra alguém corajoso, uma pessoa valente que anda sozinha à noite mesmo sabendo dos perigos que corre. Porém, seu exagero heroico começa a ganhar outros traços cômicos já no verso 155, quando o escravo começa a demonstrar certa preocupação com o que pode acontecer caso ele seja capturado pelos guardas responsáveis pela manutenção da ordem durante as noites romanas – os triúnviros. Da prepotência com que inicia sua apresentação – comumente a primeira fala de um personagem serve como uma forma de ele apresentar-se ao público, garantindo o reconhecimento de seu tipo e gerando expectativas na plateia –, Sósia passa a temer a provável surra e a ausência de socorro caso seja capturado, e sua fala passa do recitativo para a primeira canção da peça (v. 159-179), na qual o servo vai do medo à lamentação sobre sua condição:

> Como oito fortões – pobre de mim! – batem numa bigorna,
> [nem julgará se é justa ou injusta a ordem que ordena]   160
> assim, chegando do estrangeiro, vou ser em público acolhido.
> O excesso do senhor me arrasta e expulsa do porto à noite.   163+164
> Por acaso não podia me mandar aqui com luz?   165
> É difícil de servir a um senhor tão opulento.
> A servidão a um homem rico é sempre bem mais dura:
> noite e dia, sempre e sempre, há trabalho bastante e de sobra
> pra ser dito, pra ser feito, pra você não sossegar.
> De trabalhos e tarefas liberado, o próprio senhor rico   170
> julga possível tudo aquilo que deseja um homem livre:
> julga ser justo, mas não julga sobre como é trabalhoso,
> nem julgará se é justa ou injusta a ordem que ordena.
> Muita injustiça, então, recai sobre os escravos;
> e com trabalho este ônus devem guardar e aguentar.   175
> {ME} Sou eu quem deveria lamentar assim:
> hoje mesmo eu era livre,
> e agora sujeitou-me à escravidão meu pai;
> mas este aí, que nasceu doméstico, é quem se queixa.

O lamento de Sósia e a reclamação sobre a opulência do seu senhor fazem parte de um recurso comum empregado na apresentação dos escravos, utilizado, segundo Christenson (PLAUTO, 2000, p. 169), como uma forma de iniciar monólogos cômicos. A canção acaba com Mercúrio ironizando o lamento de Sósia, assumindo para si o direito a lamentar-se pela escravidão. A fala de Mercúrio pode ser vista como o primeiro aparte da peça, o que aproxima personagem e público – uma relação, nesse caso, estreitada, já que durante o prólogo Mercúrio interage diretamente com a plateia.

Do ponto de vista métrico, a canção é composta por uma grande variedade de pés e medidas, mudando rapidamente entre elas, o que acaba lhe conferindo mais um aspecto vívido do que uma contextualização afetiva ou situacional específica. Conforme aponta Marshall (2006, p. 231 ss), as canções são utilizadas por Plauto não somente para representar extremos afetivos, mas também para entreter a plateia e possibilitar momentos para que os atores pudessem demonstrar suas habilidades, caracterizando e destacando personagens. Se somarmos a isso o contexto no qual a canção está inserida, a primeira aparição do personagem, podemos então pensar que a canção inicial de Sósia cumpre, antes de qualquer coisa, a função de caracterizar o personagem de maneira a tornar mais informal sua relação com a plateia – contrastando-se aqui com a entrada de Mercúrio no prólogo, em que o personagem faz questão de afirmar sua divindade.

Porque é uma canção de caracterização, a fala irônica de Mercúrio ao final pode ser vista como um mecanismo importante (v. 176-179): ao afirmar que a ele, sim, caberia lamentar-se por sua escravidão, visto que se tornara escravo, e não nascera escravo como Sósia, o deus não ironiza somente o lamento de Sósia, mas também a sua própria condição de escravo durante a peça, o seu papel – já que será Mercúrio o grande escravo tipicamente plautino atuando no *Amphitruo*. Ao travestir-se em Sósia, Mercúrio acaba tomando para si também o papel de escravo, como ele mesmo declara na sequência (v. 266 ss), o que retira de Sósia até o direito de lamentar sua condição de escravo. Assim sendo, podemos dizer que não somente Sósia é caracterizado na primeira canção, mas também Mercúrio, que ironiza a condição de Sósia para afirmar a sua própria.

A canção acaba e Sósia retorna aos octonários (v. 180-218), demonstrando agora o seu temor aos deuses – o que carrega ainda mais sua fala de ironia, visto que será castigado por um deus. Após mais um aparte de Mercúrio (v. 185), sua fala procede à apresentação de informações sobre o que aconteceu fora de cena, e ele então informa o público a respeito dos fatos ocorridos durante a guerra, utilizando-se mais uma vez da estrutura métrica (octonários jâmbicos) para evocar o heroísmo dos feitos – aqui, porém, referindo-se a feitos realmente heroicos. Seu relato de batalha, além de apresentar ao público essas informações, assume ainda um aspecto um tanto teatral, visto que o escravo, por não ter visto com seus próprios olhos o que ocorreu durante o embate entre as tropas, diz que vai ensaiar (*meditari*) o modo pelo qual vai contar (*fabulari*) a história a Alcmena (v. 201-202): "Mas de que modo e que palavras eu devo usar pra fabular / primeiro aqui comigo, então, ensaio: e assim eu falarei." Durante esse relato, Sósia performa a segunda canção do *Amphitruo* (v. 219-247):

> Tropas esplêndidas vão se movendo de ambos os lados;
> são divididos os homens e são divididas as ordens.   220
> nós instruímos as nossas da nossa maneira e costume;
> os inimigos instruem as suas da sua maneira.
> Os comandantes de ambos os lados caminham pro centro;
> longe da turba das ordens, sozinhos conversam conjuntos.
> Juntos decidem que os homens vencidos durante a batalha   225
> vão se render e entregar a cidade, as famílias e altares.
> Feito o tratado retumbam trombetas por todos os postos,
> súplicas surgem de ambos os lados e a terra ressoa.
> Os comandantes, tementes, elevam seus votos a Júpiter;
> ambos, de lá e de cá, encorajam e exortam o exército.   230
> Cada soldado demonstra os seus dotes e a sua coragem;
> ferem com ferro, se fendem as flechas; o céu estrondeia
> com o rugido dos homens. Do alento e do fôlego deles
> surge uma nuvem; os homens desabam com a força dos golpes.
> Como queríamos, nossas espadas no fim predominam: 235
> nossos rivais, que tombavam frequentes, ali massacramos.
> Nós superamos na força os ferozes.
> Homem nenhum, entretanto, é capaz de virar-se e fugir,
> nem haverá quem dali, sem lutar firmemente, recue.
> Antes deixar escapar seu espírito ao posto entregar: 240
> todos jaziam no próprio lugar conservando as fileiras.
> Anfitrião, percebendo que homens lutavam parados,
> aos cavaleiros ordena que cubram o flanco direito.
> Os cavaleiros depressa aparecem e ganham a destra:
> bradam com força, se lançam na luta com grande furor,   245
> matam, mutilam e, com a justiça ao seu lado, derrotam
> todas as filas dos nossos rivais.

Composta em créticos, a canção apresenta uma função diferente da anterior: aqui, o que se busca é um exagero do horror, da violência e da tensão de uma batalha. Para Duckworth (1994, p. 370-371), os créticos são pés utilizados em diferentes contextos afetivos, mas possuem alguns usos comuns, como a demonstração de confiança, medo, horror, raiva e desespero. Assim sendo, é possível afirmar que o uso do crético no relato de Sósia é um uso dentro dos padrões em que o metro é frequentemente utilizado. Chama a atenção, porém, a maneira pela qual a canção de Sósia é apresentada: como uma ficção. Dessa forma, ao chamar a atenção para a ficcionalidade de seu relato, Sósia acaba chamando a atenção também para o caráter teatral de sua apresentação, e assim, construída de acordo com os padrões da comédia e inserida sob a condição de ficção, a segunda canção de Sósia ganha ares metateatrais, o que a vincula diretamente a um aspecto mais geral do *Amphitruo*, colocando-a a serviço dele.

Após a canção, Sósia ainda estende o relato por alguns versos (v. 248-262), ao final dos quais decide partir para casa e contar à esposa de Anfitrião assim como ensaiara. Há, então, outra mudança de metro, e dos octonários passamos aos septenários trocaicos, o que mantém a estrutura dos recitativos, mas altera a relação com a ação: durante os duzentos versos que conduzem ao final do primeiro arco (v. 263-462), a cena se desenvolve de maneira vívida e cômica, e o encontro de Sósia com seu duplo caracteriza-se como a mais longa cena da peça. Se, durante os octonários iniciais de Sósia, o que predominou foi o monólogo, que forneceu ao público as informações fora de cena necessárias para o acompanhamento do enredo, nos septenários predominará o diálogo, e haverá um aumento no número de apartes feitos por ambos os personagens – uma característica que contribui para o forte apelo cômico da passagem. Somente nesse momento, porém, após mais de 260 versos, entramos na ação propriamente dita, pois é a partir do encontro entre os dois personagens que o enredo começará a se delinear, ainda que aos poucos. Contudo, como já dito, a ação que aqui se desenvolve ocorre antes do surgimento do problema que conduz a comédia até o seu final. A partir do (não) exposto no prólogo, o público é levado a pensar que o enredo desenvolver-se-á em torno do problema de Júpiter, que não pode ser visto na casa de Anfitrião, conduzindo-o a uma série de expectativas que não serão verificadas no correr da ação.

POSFÁCIO | 145

Nesse sentido, se a cena pode ser entendida como uma consequência da tarefa delegada a Mercúrio por seu pai, mais tarde perceber-se-á que ela acaba funcionando como um dos motivadores do desentendimento entre Alcmena e Anfitrião, porquanto cria uma primeira situação que abalará Anfitrião quando do seu retorno ao lar – a saber, o fato de seu escravo dizer-lhe que um outro Sósia, que é ele mesmo, o impediu de entrar em casa. Caracteriza-se, portanto, do ponto de vista de sua relação com o enredo, como uma cena em que o apelo cômico é muito maior do que o avanço do enredo, a despeito de seu tamanho. Sendo assim, o primeiro arco deve ser entendido como uma preparação das condições que levarão ao desentendimento de Alcmena e Anfitrião, conduzindo o público, que não sabe ao certo qual é a trama que envolve os personagens, por uma cena que, além de cumprir aquilo para o que se alertou no prólogo, funciona como sua extensão, pois continua apresentando as condições sob as quais a ação tomará corpo – o que o público só perceberá com a passagem do primeiro para o segundo arco, quando Mercúrio novamente dirigirá seus senários à plateia, em outro prólogo.

Arco II (v. 463-860)

Na abertura do segundo arco, a peça (re)começa. Se os arcos mantêm a atenção do público voltada para o desenrolar dos fatos, suscitando expectativas sobre o porvir a cada novo início, conforme alega Marshall (2006, p. 208), então, nesse momento, ao perceber os senários de Mercúrio (v. 463-498), o público perceberá não somente a mudança para uma nova estrutura, mas também um reinício. Se, no primeiro prólogo, Mercúrio dizia apresentar o argumento, aqui ele apresenta o enredo, revelando todas as informações relevantes para o seu desenvolvimento e sua conclusão. O novo prólogo de Mercúrio começa com a informação de que seus planos deram certo, pois Sósia foi impedido de entrar em casa e mandado de volta ao porto. Assim, o problema de Júpiter está resolvido, e ele pode continuar com Alcmena durante a noite sem ser interrompido. Após isso, Mercúrio começa a revelar, por fim, o que acontecerá durante a peça (v. 470-495):

> De enganos e loucuras, ambos, um e outro,
> eu vou encher, e toda a casa de Anfitrião,
> até a hora que a saciedade tomar meu pai

470

daquela que ele ama: então vão todos descobrir
o que se deu, e Júpiter então vai devolver
Alcmena e seu marido à velha concordância. 475
Anfitrião vai agitar o povo contra sua esposa
e vai culpá-la de adultério. Meu pai vai reduzir
depois, em calmaria, a sedição do homem.
Alcmena, sobre quem falei um pouco há pouco,
dois filhos gêmeos, hoje, vai trazer à luz: 480
um deles vai nascer, contando da concepção,
após dez meses; o outro vem com sete meses.
Um deles vem de Anfitrião; o outro, de Júpiter.
Com efeito, o pai do mais novinho é o maior;
menor, o do mais velhinho. Acompanharam? 485
Em graça a toda a honra de Alcmena, porém,
meu pai cuidou fazer que o parto seja um só:
assim, com um trabalho, vão-se as duas dores.
Com isso não se dão suspeitas sobre o abuso,
e a sua clandestina relação se torna oculta. 490
Depois, como eu já disse, vai contar a Anfitrião
as coisas todas. E então? A falta, certamente,
ninguém vai imputar a Alcmena; pois um deus
deixar qualquer delito seu ou sua culpa
cair em cima de um mortal não é correto. 495

É dessa forma que o enredo irá transcorrer. A impressão que a fala de Mercúrio passa é que, desde que solucionem o problema, os deuses podem se divertir com os mortais, provocando confusões e instaurando a loucura na casa de Anfitrião. Assim sendo, esse segundo *diuerbium* de Mercúrio pode ser visto, na verdade, como um prólogo a outra peça, toda arquitetada por ele e por seu pai – eis aqui, novamente, o aspecto metateatral do *Amphitruo*.[1] A ação se inicia, agora, com a atuação de Júpiter, que, transformado em Anfitrião, se despede de Alcmena alegando ter que voltar ao comando das tropas. Os septenários serão novamente o verso recitativo no qual o diálogo e a ação ocorrem e, aqui (v. 499-500), Júpiter, Mercúrio e Alcmena travam um conversa recheada de motivos cômicos típicos à comédia e, mais uma vez, referências metateatrais. Dentre esses motivos, podemos destacar o comportamento de Alcmena. Sobre a caracterização da personagem, Zélia de A. Cardoso conclui:

> [...] ela é construída como uma mulher dotada de grande dignidade e força, uma mulher que sabe ser carinhosa e gentil com aquele que pensa ser seu esposo; que defende quem supõe ser o escravo da casa contra a agressão gratuita de Júpiter, mas que se mostra severa com Sósia quando acha que tem razão; que chora quando o pseudomarido a deixa, mas que se conforma com sua posição de esposa de um general valoroso. É uma mulher que, ao ser acusada, se defende, "com ousadia, com confiança e com veemência", conforme suas próprias palavras, fazendo questão de frisar que seu dote não foi material: constituíram-no as qualidades que levou para a casa do esposo. Alcmena é a mulher que não hesita em sair de seu lar por não suportar a desonra da acusação, mas que sabe perdoar as injúrias de que é vítima. Esses traços a aproximam da figura da matrona romana para quem a honradez era a qualidade principal (2008, p. 24-25).

Porém, não se deve esquecer que, apesar disso, Alcmena é personagem de uma comédia, e o fato de a personagem apresentar-se grávida diante do público certamente teria um forte apelo cômico em sua caracterização. Nesse seu diálogo com Júpiter, Alcmena demostra a amabilidade de uma esposa apaixonada e o equilíbrio entre a condescendência e a coibição dos abusos de Sósia. Ainda assim, demonstra certo interesse por presentes e mimos recebidos de seu marido, e mesmo sem agir de forma a caracterizar-se como interesseira, a mudança no seu comportamento e no seu discurso ao receber a taça de ouro que Anfitrião trouxe como espólio é clara (v. 534-544). Conforme veremos, há também, na sua canção (v. 633-653), ainda que de maneira velada, certo apelo sexual – sendo a sexualidade um tema comum não só à *palliata* como um todo, mas também às suas *meretrices*. Apesar de séria e de atuar em cenas de forte apelo patético, então, Alcmena não deixa de apresentar traços típicos às mulheres da *palliata*.

No que diz respeito à metateatralidade, é Mercúrio quem, mais uma vez, brinca com as convenções. Observando seu pai despedir-se de Alcmena, o deus parece não conter-se e anuncia, em outro aparte, que vai entrar na conversa agindo como outro personagem-tipo da comédia, o *parasitus* (v. 515): "ou me aproximar, falar com ela e parasitar meu pai". Tendo tomado para si a aparência e os comportamentos de Sósia, Mercúrio não se furta a se arriscar em outros papéis, como é o caso. Agindo assim, o deus parece estar brincando de ser ator – ou, em outras palavras, atuando como um ator. Além disso, se pensarmos que especialmente Mercúrio, mas também Júpiter, é claro, são atores representando deuses que representam, por sua vez, diferentes papéis humanos, vemos o quão potencializada pode ser a estrutura metateatral da peça.

A ação começa a tomar forma, e o reconhecimento do metro trocaico conduz o público a esperar exatamente por isso, pois é nele que os diálogos e a ação vêm acontecendo de maneira mais efetiva. Após o encerramento da sequência de septenários, tem início a terceira canção da peça (v. 551-585), a qual, diferentemente das anteriores, põe em cena um diálogo – um dueto – entre Anfitrião e Sósia, que chegam do porto após Sósia dizer ao seu senhor que teria sido expulso de casa por um outro que era ele mesmo. A canção é marcada por falas curtas e metros variados (báquicos, anapestos e troqueus), mas o mais importante é a sua função no enredo e na situação encerrada pela passagem. Conforme Zélia de A. Cardoso:

> As confusões em que [Anfitrião] se envolve são muito engraçadas, mas os conflitos que vive são, realmente, muito grandes. Dialogando com Sósia, não atina com o alcance das palavras do escravo; encontrando a esposa, não sabe a que atribuir a indiferença e a frieza com que é recebido; discutindo com Mercúrio, é humilhado e agredido. Desconfia que foi traído pela esposa, dirige-lhe insultos, ofende-a, mas não pode explicar uma série de coisas [...] Transtornado, atônito, confuso, perplexo com as circunstâncias que o envolvem – ridículo, portanto, apesar de sofredor –, Anfitrião se deixa abater, diante da porta de sua própria casa. Só se levanta ao apelo de Brômia, a criada, quando esta lhe traz a notícia de que Alcmena dera à luz duas crianças – o filho de Anfitrião e o filho de Júpiter (2008, p. 24).

Apesar de a maioria das situações pelas quais Anfitrião passa ser trabalhada em roupagem mais ou menos cômica, sem dúvidas esses conflitos são sérios, ou mesmo trágicos, poder-se-ia dizer.[2] Nesse momento da peça, em que pela primeira vez Anfitrião é posto diante de um conflito de identidades (Sósia – Mercúrio), o dueto entre ele e seu escravo pode ser visto como uma forma de explicitar o tema e as dúvidas existenciais de ambos os personagens de uma forma mais leve. Para Law (1922, p. 48), o trecho "é um dueto entre Anfitrião e Sósia que tem por tema o conflito de identidades. É nitidamente cômico no seu efeito e serve para aliviar a gravidade das cenas ao seu redor".[3] Transformar diálogos em canções seria, portanto, uma espécie de alívio cômico, com vistas a diminuir a gravidade e a seriedade das situações. É, então, outra forma de vincular a canção ao ritmo do texto.

No final da canção, na mudança para septenários trocaicos, não há, como se poderia esperar, uma mudança no contexto ou no tema, e Anfitrião e Sósia continuam seu diálogo sobre aquilo que ocorreu com o escravo em frente à casa. Na medida em que o diálogo avança, a tensão entre o patrão e o escravo aumenta, pois as dúvidas de Anfitrião não são sanadas pelo escravo que, de acordo com o que sabe, não está mentindo ao seu amo. Antes que ambos cheguem a uma conclusão qualquer, Anfitrião convida Sósia para segui-lo e os dois se encaminham para casa, para que Anfitrião veja com seus próprios olhos aquilo que o escravo diz. O diálogo se encerra com Anfitrião desejando que a história contada pelo seu escravo seja irreal (v. 632): "Façam os deuses que os fatos tornem falsas tuas falas", um desejo carregado de ironia porque, justamente pela vontade dos deuses, os fatos tornam verdadeiro o estranho relato de Sósia. Logo depois disso, Alcmena volta à cena, entoando a última canção do *Amphitruo* (v. 633-653):

> Não é coisa bem pouca o prazer nessa vida e nos dias vividos
> comparado às moléstias? Assim compuseram os dias dos homens,
> decidiram os deuses assim, que a tristeza acompanhe os prazeres: 635
> sem que enfados e males sucedam de pronto, não surge algo bom.
> Pois, em casa, ora eu passo por isso e por mim já sei bem como é;
> foi-me pouco o prazer, pois que eu soube o poder do meu homem
> por somente uma noite, e já parte daqui, vindo o dia, deixando-me.
> Eu me sinto sozinha na ausência daquele que acima de todos eu amo.   640
> A tristeza do adeus é maior que o prazer da acolhida. Mas basta-me
> que ele vence os rivais e retorna com glórias pra casa: é um consolo.
> que se ausente, mas volte com glórias pra casa. Eu supero e suporto   645
> sua ausência com espírito firme e afincado inda seja somente esta paga
> ofertada pra mim: que na guerra, ao vencer, o meu homem exaltem;
> é o bastante. A virtude, eis um prêmio excelente;
> a virtude, por certo, vem antes de todas as coisas.
> Liberdade, saúde, riquezas e vida, os parentes, a pátria e os herdeiros   650
> são guardados, mantidos por ela.
> A virtude tem tudo, e as benesses abonam a quem tem virtude.   653

Ao lado da canção de Sósia sobre o embate entre teléboas e tebanos, a canção de Alcmena figura entre as mais evocadas pela recepção crítica plautina. Composta em versos de pés báquicos, constantemente utilizados em lamentos para expressar sofrimento e dor ou para exprimir a *grauitas* e a *dignitas* romanas,[4] é uma espécie de elogio à Virtude feito pela personagem, que surge como um dos vários traços supostamente trágicos presentes na peça de Plauto. Slater (2000, p. 191n), por exemplo, a considera como exemplo principal para qualquer caracterização de Alcmena como personagem trágica, um aspecto ressaltado pela expressão de um assunto mais grave em metros báquicos. Porém, como destaca Lilian Costa (2010, p. 110), a repetição das palavras *uirtus* (v. 648, 649, 652, 653) e *uoluptas* (v. 633, 635, 637, 641) durante a canção pode fazer ressoar certa nota de apelo sexual, visto que *uirtus* ("virtude"), por ter a mesma raiz de *uir* ("homem, varão"), também traz em si o sentido de "virilidade", e a repetição de *uoluptas* ("prazer, volúpia") na mesma proporção e no mesmo contexto de *uirtus* acaba destacando essa possível ambiguidade no discurso da personagem.

Sendo a exploração da sexualidade um procedimento comum às comédias, pode-se então dizer que, por mais grave que a canção de Alcmena possa parecer, por mais sério que seja o seu tom, seu revestimento por certo apelo sexual se manifesta como uma manipulação cômica de um traço potencialmente trágico, um movimento análogo ao que observamos no dueto entre Sósia e Mercúrio. Visto que trabalhar comicamente traços trágicos presentes na peça é um procedimento comum no *Amphitruo*, sendo esse mais um princípio que rege a construção da obra,[5] as relações que se estabelecem entre a canção, seu tema, a personagem, o pé em que é composta formam um complexo que liga procedimentos composicionais típicos aos processos de significação da obra como um todo. Do ponto de vista da construção dos personagens e da trama, o elogio de Alcmena cumpre uma função importantíssima, auxiliando tanto na determinação do caráter da personagem, que até agora só havíamos visto em diálogo com Júpiter, como na justificativa da atitude que a *matrona* irá tomar quando for acusada de traição por seu marido (v. 882 ss).

Terminada a canção, Anfitrião e Sósia finalmente chegam à frente da casa e avistam Alcmena, dando vez a um longo diálogo novamente em septenários (v. 654-860). Durante seus pouco mais de duzentos versos, Anfitrião e Sósia retornam ao conflito de identidades que buscavam esclarecer, mas agora a situação é ainda mais grave, pois tanto outro personagem foi inserido na equação quanto há a suspeita de um crime contra a honra de Alcmena. Nesse momento, após passarmos pela canção de Alcmena, a gravidade da situação fica ainda mais clara: se a personagem é mesmo tão virtuosa quanto deu a entender pelo seu discurso, a desconfiança e a acusação tornam-se muito mais graves, ao mesmo tempo em que o crime de traição do qual Anfitrião desconfia torna Alcmena ainda mais vil, fazendo com que, além de possível traidora, ela seja também dissimulada. É, pois, nesse momento que surge o grande problema sob o qual a trama se desenvolverá até o fim da peça: a partir desse impasse, os personagens humanos serão envolvidos em uma série de confusões e acontecimentos que concorrerão, uns mais, outros menos, para a resolução do problema.

O fato é que, aqui, a situação ganha ares trágicos, e a brincadeira de Mercúrio e Júpiter que se iniciou por causa da luxúria do deus supremo pode acabar trazendo consequências drásticas para a casa de Anfitrião. Somente a interferência divina seria capaz de aplacar os ânimos e resolver a situação entre as partes, e, conforme Mercúrio já havia anunciado no começo desse arco, é o que Júpiter irá fazer. Nesse horizonte, o arco se encerra com Anfitrião indo atrás de uma testemunha para provar que não se ausentou do barco durante a noite, o que confirmaria, para ele, a traição de Alcmena – e o consequente fim do casamento dos dois. Com o problema criado e a situação em seu ponto crítico, Júpiter abre o próximo arco tranquilizando a plateia e garantindo que a comédia se encerre como tal.

Arco III (v. 861-973)

Assim como os outros dois *diuerbia* anteriores, o que abre o terceiro arco também contém referências metateatrais. Do alto de sua soberania, Júpiter se apresenta como aquele Anfitrião que mora "ali, naquele andar superior", que se transforma em Júpiter quando quer e que, ao vir ao palco, vira Anfitrião e muda o seu figurino (v. 861-866):

> Eu sou o Anfitrião de quem o Sósia é servo,
> aquele em que Mercúrio, quando é útil, se muda;
> Sou eu que habito ali, naquele andar superior,
> e às vezes, quando quero, em Júpiter me mudo.

> Porém, tão logo eu tenho a minha entrada aqui,   865
> me mudo em Anfitrião e modifico minha roupa.

A fala de Júpiter é, nesse trecho, tão metateatral quanto, do ponto de vista de quem fala, confusa: podemos pensar que quem fala é o ator vestido de Anfitrião, visto que se apresenta primeiro como sendo o general tebano; é, pois, o Anfitrião a quem Sósia-Mercúrio serve, o Anfitrião que habita no andar superior – e aqui há uma inversão que nos chama a atenção: ele é o Anfitrião que se transforma em Júpiter quando quer. Se fica claro qual Anfitrião está falando, não fica claro se é Anfitrião quem se transforma em Júpiter ou se é Júpiter quem se transforma em Anfitrião. Apesar de algo confusa, a dúvida pode ter uma resposta simples: a caracterização do personagem. Para que haja a confusão entre os dois Anfitriões, eles devem ser iguais – ou ao menos serem assim percebidos. Se é Júpiter quem se disfarça de Anfitrião para deitar-se com Alcmena, e se, nesse momento, ele se apresenta antes como Anfitrião, é de se supor que estivesse trajado como Anfitrião, e, como não chega a aparecer trajado como Júpiter, o que marcaria a diferença entre os dois personagens por sua caracterização, deve esclarecer que é Anfitrião-Júpiter; é, portanto, o personagem do personagem quem está falando aqui: é Anfitrião-Júpiter dizendo que ele é, na verdade, Júpiter – mas que só é Júpiter quando quer, não agora, pois, tão logo entra em cena, muda seu figurino e se transforma em Anfitrião.

De acordo com Christenson, *uestitum immuto meum* (v. 866n) pode ser entendido como uma "[...] piada metateatral em que a *persona* de Júpiter e o ator se fundem." (PLAUTO, 2000, p. 278). É possível imaginar, porém, que a piada metateatral não diz respeito somente ao ator que interpreta Júpiter, mas também a Júpiter-ator, que interpreta Anfitrião, visto que tanto o ator que faz Júpiter se veste de Anfitrião como o próprio Júpiter se veste de Anfitrião. A dêixis do advérbio *huc* ("aqui"), presente no verso 865, também adquire um sentido metateatral, pois pode se referir tanto ao mundo dos mortais, no qual Júpiter aparece como Anfitrião, como ao palco, à cena, ao teatro no qual Júpiter e o ator transformam-se em Anfitrião.

As primeiras seis linhas do *diuerbium* de Júpiter já se encontram, então, carregadas de referências metateatrais, mas elas não terminam aí (v. 867-868): "Agora eu venho aqui em vossa honra e graça, / assim conduzo ao fim essa comédia começada." Se Mercúrio já nos havia alertado que Júpiter iria tomar parte na peça (v. 474 ss), aqui o deus supremo explicita sua interferência direta na ação: em honra e graça ao público, vai conduzir a peça ao seu final, trazendo auxílio para Alcmena e revelando o embuste ao final de tudo, mas também causando muitas confusões na casa de Anfitrião (v. 868 ss). Se, anteriormente, Júpiter e Mercúrio foram tachados como arquitetos de uma peça dentro da peça, agora é possível que essa sua função seja confirmada: manipulando as ações, os deuses tramam situações para divertirem-se com os humanos, e depois, porque têm o poder para isso, reestabelecem o *status quo*. Nesse sentido, a fala de Júpiter é como um alerta ao público, que poderá se deliciar tranquilamente com a confusão que tomará conta do palco, pois, ao final, tudo será resolvido da melhor maneira para todos.

Ao final do monólogo de Júpiter, os senários jâmbicos não se interrompem, e o deus passa a contracenar com Alcmena um diálogo em forma de *diuerbium* que possui uma relação profunda com as confusões que pretende instaurar entre os membros da família de Anfitrião. Nesse diálogo (v. 897-955), Anfitrião-Júpiter busca uma reconciliação com Alcmena, dizendo que lhe falou em tom de brincadeira – referindo-se à discussão entre ela e seu marido –, que a estava testando para ver como reagiria em uma situação daquelas. Mesmo ainda magoada, Alcmena acaba aceitando as desculpas, e reconcilia-se com Anfitrião-Júpiter. A grande questão é que o diálogo transcorre nos moldes de um *diuerbium*, portanto sendo percebido pelo público como algo importante para o enredo. Não é esse, pois, seu único uso: de acordo com Hunter (2010, p. 69-71), o senário não é utilizado somente para transmitir informações importantes, mas também para chamar a atenção para uma cena com uma lógica mais complexa. Parece ser esse o caso da cena em questão. Assim que Anfitrião-Júpiter reconcilia-se com Alcmena, a confusão iminente se torna explícita: quando o marido retornar, ainda vai estar com as mesmas desconfianças sobre a sua esposa, que acredita já ter se reconciliado com ele. A resolução do conflito é, portanto, falsa, faz parte da peça arquitetada pelos deuses para se divertirem com os mortais, e o público sabe disso. A complexidade de sua lógica está, pois, na percepção que se tem dessa reconciliação: o público desfruta da comicidade da cena por saber que, embora em senários, a resolução é falsa, o que vai causar ainda mais confusões no palco; porém, justamente por estar em senários e por ser falsa, é também uma brincadeira com a própria convenção, tornando-se cômica, além do mais, por isso. Em resumo, é possível afirmar que é cômica porque é um embuste de Júpiter e uma piada metateatral de Plauto.

Os senários acabam com a entrada de Sósia, e o arco se encerra com Júpiter delegando tarefas ao escravo e a Alcmena. Os cerca de vinte septenários finais (v. 956-973) não produzem grande avanço no enredo, apenas deixando o palco livre para que Júpiter volte a falar novamente em um *diuerbium*, abrindo o quarto arco.

Arco IV (v. 974-fr. VI)

Para ficar um pouco mais de tempo com Alcmena, no primeiro conjunto de senários desse arco (v. 974-983), Júpiter chama Mercúrio e ordena que ele mantenha Anfitrião longe de casa, dando autonomia a seu filho e respaldo à audácia com que Mercúrio irá tratar o general tebano (v. 978-979): "e faça Anfitrião, que vem pra cá, de casa ficar / distante. Faça o que achares melhor pra isso." Além disso, a fala de Júpiter possibilita que Mercúrio entre em cena, na mudança para os recitativos, brincando novamente com as convenções da comédia. Não contente em atuar como o *seruus callidus* da peça tornando-se Sósia para ajudar seu pai a deitar-se com a mulher que ama por meio de um estratagema digno de um escravo cômico, nem em brincar de *parasitus* tentando bajular o pai diante da amada (v. 515-521) e a própria Alcmena (v. 538), Mercúrio não perde a chance de atuar também como *seruus currens*, o escravo atarefado que está sempre correndo para executar as ordens de seu senhor:

> Sumi vós todos, desaparecei-vos, deixai livre o caminho!
> E que ninguém se ache no direito de me atrapalhar o passo.   985
> Por que pra mim, um deus, seria menos permitido ameaçar
> se não sairdes do caminho que pra um escravo de comédia?
> Se informa o escravo um barco a salvo ou velho irado vindo,
> eu sou obediente a Jove e agora venho aqui por ordem dele.
> Por isso é justo que desapareçais e libereis o meu caminho.   990
> O pai me chama, já respondo. Sou obediente às suas ordens;
> convém que o filho seja bom ao pai, tal como eu sou ao meu.
> Amando, o parasito, exorto, assisto, aconselho e me alegro.
> Se alguma coisa apraz meu pai, vai dar-me ainda mais prazer.

Se ama, sente: e age com razão de acordo com o seu espírito;   995
convém que todos façam desse jeito, desde que o façam bem.

Composto em octonários, o recitativo de Mercúrio, além de mostrar toda a empáfia do deus, coloca em cena o escravo atarefado. Como não bastasse isso, na sequência, Mercúrio une suas duas condições, a de filho e a de escravo, e parodia o típico discurso do bom escravo, mostrando lealdade ao pai e prontidão no auxílio. Christenson (PLAUTO, 2000, p. 290) aponta a semelhança existente entre o discurso de bom filho de Mercúrio e uma fala anterior de Sósia (v. 958-961), na qual o escravo não só alega sentir prazer em ver seu amo – na verdade, Júpiter – e Alcmena novamente em acordo, mas delega ao escravo o dever de se sentir satisfeito ao ver seu amo satisfeito, ou triste ao vê-lo triste (v. 958-961): "É assim, ao que parece, que um bom escravo deve comportar-se: / como os amos se sentirem, deve estar; fazer do rosto dele o seu; / fica triste, caso esteja triste o amo; se ele sorri, se alegra. / Ora, porque os vejo calmos, eu me alegro: é um prazer pra mim." A relação entre o *topos* do bom escravo e o discurso de Mercúrio, ressaltada pela proximidade com o discurso de Sósia, acaba explicitando ainda mais a brincadeira metateatral do deus.

Os versos de Mercúrio seguem com a descrição do que ele irá fazer pra impedir a entrada de Anfitrião (v. 997-1005): fingindo-se bêbado e com um enfeite na cabeça, vai subir sobre o telhado e, de lá, descompor Anfitrião, com o que logrará êxito não só em servir de empecilho à entrada do general, mas também em fazer com que Sósia sofra as penas por seu comportamento. Porém, antes da chegada de Anfitrião e da cena entre ele e Sósia-Mercúrio, o deus muda bruscamente de septenários para senários, destacando três versos (v. 1006-1009) como uma unidade distinta do resto. Como a continuação da cena transcorre novamente em septenários, de acordo com os padrões de alternância *diuerbium-canticum* destacados por Moore (1998a), essa inserção de senários configura um enquadramento, a técnica utilizada para destacar uma informação relevante inserindo-a entre dois trechos de um mesmo padrão métrico. Nesse caso, a informação diz respeito à ida de Mercúrio ao telhado para escorraçar Anfitrião ("se acaso vós quereis de fato ouvir com atenção. / Eu vou entrar e pôr, dos bêbados, o arquinho. / Então eu subo no telhado e impeço que entre."), uma ação que, embora já houvesse sido dada (v. 999-1000), precisa ser ressaltada por Mercúrio para que os espectadores percebam a excentricidade da situação. De acordo com Marshall:

> [...] a informação é crucial, pois em nenhum outro lugar do *corpus* plautino há uma peça que requeira o uso do telhado. A trupe projetou um efeito surpresa para o público envolvendo uma disposição original dos recursos cênicos, e a pausa momentânea na música provê as informações necessárias para o público apreciá-lo (2006, p. 221).

Depois disso, os recitativos recomeçam em septenários trocaicos, e a cena entre Sósia-Mercúrio e Anfitrião se estende por cerca de trinta versos até o final do arco, que se encerra já na parte fragmentada da peça (fr. VI).[6]

Arco V (v. 1130-fr. VII)

O quinto arco se inicia em meio à parte fragmentada da peça com senários que apontam para uma discussão entre Alcmena e o verdadeiro Anfitrião. Entre o final do quarto arco e o começo deste, é possível pressupor, então, que a discussão entre Mercúrio e Anfitrião acabou atraindo para cena Alcmena e, junto dela, Júpiter, que aproveitava seus últimos momentos com a esposa em usura. A seguir, o *diuerbium* inicial:

<AL> Juraste que me disseste só por diversão. **VII**
<AL> Pois mandes quem vem vindo te curar do mal que tens, **VIII**
   por certo estás possesso ou foste tomado por fantasmas.
<AL> Se acaso não foi do mesmo jeito que estou dizendo, **IX**
   não digo a causa verdadeira por que me acusas de desonra.
<AN> [...] de quem prostituiu teu corpo enquanto estive ausente. **X**

O argumento cômico da cena é facilmente presumido, embora ela não nos tenha chegado completa: ao sair de casa, Alcmena encontra seu esposo do lado de fora, impedido por Sósia-Mercúrio de entrar. Nessa situação, ambos se encontram dando início a um diálogo no qual, provavelmente, imperaria a confusão, pois, enquanto Alcmena acredita ter-se reconciliado com seu marido, Anfitrião ainda tem as

POSFÁCIO | 157

mesmas dúvidas e desconfianças em relação à sua esposa. A utilização de senários para a construção dessa cena a vincula diretamente à cena entre Anfitrião-Júpiter e Alcmena, durante a qual a matrona acredita ter-se reconciliado com seu esposo. Esse fato indica a utilização das estruturas métricas de acordo com outro dos padrões sugeridos por Moore (1998a), o paralelismo; nesse caso, as similaridades métrica e composicional entre as duas cenas, um diálogo entre marido e mulher, ressaltam o contraste entre as situações: se a cena anterior encaminhava o enredo para o reestabelecimento da normalidade, o que viu-se ser um encaminhamento falso, esta, entre a esposa e o seu verdadeiro marido, encaminha o enredo para mais confusões. Sendo assim, embora contrastantes nisso, ambas as cenas foram trabalhadas para que obtivessem um mesmo resultado: o aumento da confusão.

Os próximos fragmentos (XI-XX), já septenários trocaicos, parecem compor outra cena, em que atuam Blefarão, Anfitrião, Anfitrião-Júpiter e Sósia. Os fragmentos sugerem o primeiro e único momento da peça em que os dois Anfitriões aparecem juntos em cena. O que move a cena é a troca de acusações entre ambos e as tentativas de convencer Blefarão sobre quem seria o verdadeiro Anfitrião. Nos últimos fragmentos, Blefarão retira-se de cena recusando-se a escolher entre os dois, e Júpiter entra em casa, alegando que o trabalho de parto começara. Anfitrião fica sozinho em cena e faz um monólogo altamente sério, declarando a injustiça da situação, sua falta de sorte e as medidas que irá tomar para resolver o problema (v. 1039-1045). No final do monólogo, Anfitrião decide tomar medidas drásticas para resolver a situação, o que encaminharia a peça para um final pouco coerente com uma comédia, ou mesmo potencialmente trágico (v. 1046-1052):

> Há, em Tebas, outro desgraçado como eu? O que farei agora,
> eu, que todos os mortais desprezam e enganam como querem?
> Vou entrar à força em casa, é isso mesmo: quando vir alguém,
> seja a escrava, seja o escravo, seja a esposa ou seja o traidor,
> seja o pai, ou seja o avô, degolo ali, na hora, em casa mesmo.   1050
> Nem que Jove e os outros deuses queiram, podem me conter:
> vai acontecer exatamente como eu disse. Vou entrar em casa.

A decisão de entrar em casa coincide com a entrada em cena de Brômia, escrava de Alcmena, recitando um monólogo em octonários jâmbicos. A mudança brusca pode ser explicada – e mesmo ameniza-da – com a informação dada pela escrava: na hora do parto, quando Alcmena invocava o auxílio dos deuses, um forte trovão retumbou no céu e deitou ao chão todos que estavam em pé – inclusive Anfitrião, que Brômia encontrará caído em frente a casa. Os octonários, que iniciam com um forte apelo patético, entremeados por passagens em septenários trocaicos,[7] relatam toda a situação ocorrida dentro da casa enquanto Alcmena dava à luz (v. 1061-1075):

> Assim se deu com minha ama: ao invocar os deuses para o parto,
> retumbo, estouro, estalo, estrondo: então, de pronto, um forte trovão!
> E todos caem, com estouro, onde estavam; nisso, alguém com intensa
> voz bradou: "Não teme, Alcmena, o seu auxílio se aproxima.
> Vem pra cá, a ti e aos teus propício, um morador dos céus.   1065
> Levantem," disse, "os que caíram por medo dos meus portentos."
> Caída, me levanto; pensei em chamas a casa, tanto que brilhava.
> Alcmena então começa a me chamar, e isso já me causa horror.
> Os medos da senhora vêm primeiro; corro pra ver o que queria;
> e então enxergo os dois meninos gêmeos que ela trouxe à luz.   1070
> Nenhum de nós notou ao vê-la dando a luz, e nem previra isso.
> Mas o que é isso? Quem é o velho caído diante da nossa casa?
> Foi, quem sabe, atingido por Júpiter?
> Eu creio que sim, por Pólux. Está caído como um morto, por Júpiter!
> Será que o conheço? Vou ver. É sem dúvidas Anfitrião,
> [o meu senhor.   1075

O monólogo de Brômia começa a revelar aquilo que aconteceu dentro da casa de Anfitrião após a entrada de Júpiter. Durante os versos que se seguem, em diálogo com Anfitrião a escrava revela que sua esposa deu à luz gêmeos e que fatos incríveis haviam acontecido tanto durante o parto como depois: tão logo as crianças nasceram e foram colocadas em seus berços, dois monstros desceram do céu e as ameaçaram; uma delas, porém, visivelmente mais forte que a outra (v. 1102-1104: "Feito o parto, nos mandou que lavássemos os meninos. Nós fomos. / Só que o menino que eu lavei, como é grande e muito for-te mesmo! / Nem eu mesma, ou qualquer outra, conseguimos pôr-lhe as fraldas."), apanhou os dois monstros e os matou. Sem dar tempo para que Anfitrião comente o fato, a escrava revela (v. 1120-1124):

Nisso, então, alguém com voz bem clara clama pela tua esposa.
{AN} Homem? {BR} O sumo rei dos deuses e dos homens, Júpiter.
Disse que, em segredo, se deitou com Alcmena, a tua esposa,
que era filho dele o menino que as serpentes, aquelas, matou;
o outro, afirmou, é teu filho [...]

A verdade sobre os fatos é revelada a Anfitrião, então, pela boca de sua escrava. Durante a cena, Brômia não apenas revela os fatos que se passaram dentro de casa, deixando público e Anfitrião cientes do parto e dos acontecimentos que o seguiram, mas também revela ao senhor o grande motivo de toda a confusão que aconteceu após seu retorno, sendo no mínimo interessante ressaltar que a palavra "Brômia" (*Bromia*, em latim) pode ser facilmente relacionada como o grego Βρόμος, "trovão", fenômeno pelo qual Júpiter se comunica com os mortais. Após tudo esclarecido, nada mais resta a Anfitrião senão aceitar dividir a metade daquilo que é seu com o grande deus e armar um sacrifício para entrar em acordo com Jove (v. 1124-1129). Porém, embora possamos dizer que a situação já esteja resolvida, Júpiter volta a se manifestar e abre o sexto arco com um *diuerbium* endereçado a Anfitrião.

Arco VI (v. 1131-1146)

O sexto arco, o mais curto em Plauto (MARSHALL, 2006, p. 221), apresenta, de acordo com Christenson (PLAUTO, 2000, p. 315), informações desnecessárias, visto que Brômia já havia revelado a verdade para Anfitrião, que não estava mais bravo; além disso, ainda de acordo com o autor, a fala de Júpiter acrescenta muito pouco às revelações da escrava. O julgamento de Christenson não significa, porém, que o sexto arco possa ser considerado desnecessário: ele é, antes, a última brincadeira com as convenções de que Plauto lança mão, potencializando ainda mais as relações metateatrais em sua peça.

A revelação final de Júpiter é entendida como uma aparição *ex machina* do deus, já anteriormente anunciada (v. 876) e muito parecida com o *deus ex machina*, recurso cuja função é resolver as pontas soltas do enredo, revelando a verdade e as motivações dos acontecimentos e esclarecendo as situações pelas quais os personagens passaram. É, portanto, um recurso importante, pois dá sentido àquilo que, aparentemente, parecia desmotivado. Quando Plauto introduz Júpiter resumindo os meandros da trama em senários jâmbicos, está, se não utilizando esse mecanismo, ao menos estabelecendo com ele certa relação – e aqui podemos relembrar que, no prólogo, Mercúrio vincula a especificidade genérica do *Amphitruo* ao fato de deuses e escravos atuarem na peça, referindo-se especificamente a Júpiter, que já teria atuado em tragédias. Porém, o fato de Brômia ter revelado a Anfitrião a trama arquitetada pelo deus antes de o próprio Júpiter fazer isso pode ser visto como mais uma brincadeira metateatral de Plauto. Em outras palavras, quando Júpiter surge *ex machina* mesmo depois de ele próprio ter revelado a verdade a Brômia e às demais pessoas que estavam dentro da casa de Anfitrião, Plauto desautoriza o recurso cênico, tornando-o, de certa forma, desnecessário; ao compor a fala de Júpiter em senários, o autor também brinca com a convenção da comédia, utilizando o recurso para dar, a uma situação desnecessária, o aspecto de informação relevante.

De maneira mais geral, portanto, o sexto arco pode ser visto como um bônus cômico (MARSHALL, 2006, p. 221): ao retornar para novamente concluir a peça, Júpiter oferece ao público mais uma possibilidade de rir, o que acaba por tornar sua figura mais simpática aos olhos dos espectadores, dada a crueldade com a qual agiu durante toda a trama. Ao mesmo tempo, Plauto reforça a autoridade do deus supremo, pois a peça só se encerra depois que Júpiter, em alto e bom som, reestabelece o *status quo*. Após advertir Anfitrião a se reconciliar com Alcmena, o deus volta para os céus e finaliza seu *diuerbium*. Anfitrião, então, finaliza o arco e a peça em um recitativo composto por apenas três septenários (v. 1144-1146): "Faço tal ordenas e rogo mantenhas tuas promessas. / Entro e vou atrás da minha esposa, deixo para lá Tirésias. / Ora, espectadores, ao sumo Jove, calorosamente aplaudi."

O general encerra a peça mostrando obediência ao deus e pedindo para que o público aplauda Júpiter, outra referência metateatral. Segundo Christenson, "o *plaudite* final em Plauto é tipicamente geral, e somente aqui o público é exortado a aplaudir um personagem ou ator específico" (PLAUTO, 2000, p. 317). Essa especificação, por sua vez, abre-nos ao menos quatro possibilidades de interpretação: o pedido de aplausos pode ter mente (1) o deus supremo dos romanos, atribuindo ares de realidade aos acontecimentos que se passaram sobre o palco; (2) o ator que interpretou Júpiter, destacando sua performance; (3) o Júpiter-ator, o qual interpretou um histrião durante a peça, conforme Mercúrio sugerira no último verso do prólogo de abertura do *Anfitrião* (v. 152); (4) todas as referências anteriores, levando-se em conta a riqueza com que Plauto manipulou os vários elementos com os quais construiu essa comédia. Sendo assim, o último verso da peça configura-se como um fechamento típico, uma vez que se resume a um pedido de aplausos endereçado à audiência, mas revestido com uma roupagem metateatral, que se manifesta em diversos elementos durante toda a história, como pudemos ver.

★★★

Destacar a metateatralidade como um traço muito presente, ou quase constante, nas relações entre os versos empregados por Plauto no *Amphitruo* e seus outros elementos – enredo, caracterização de personagens e situações, desenvolvimento da trama, etc. – demonstra mais do que um vínculo entre tais estruturas de versos e a ação, uma vez que assim a métrica pode ser associada de modo bastante íntimo com uma das mais marcantes características da *palliata* plautina. Além de lançar mão de um mecanismo disponível para a composição das comédias em sua época, então, Plauto acaba o fazendo de um modo a associá-lo a um princípio mais geral que rege sua peça desde a criação do argumento até o uso de palavras e construções bastante específicas – basta que pensemos, por exemplo, nas palavras que Sósia emprega para referir-se ao seu relato de batalha (v. 201, 202). Dessa forma, quer o *Anfitrião* seja visto como uma produção em que a metateatralidade é elemento composicional importante, como o faz Hunter (2010, p. 107-109 ss), como uma deliciosa comédia de erros e uma das peças plautinas de maior sucesso, como Duckworth (1994, p. 150), ou ainda como uma resposta cômica para o dilema entre homens e deuses, concordando-se assim com Slater (2000, p. 201), há de se ter em conta que os versos e as estruturas composicionais que eles conformam (*diuerbia*, *cantica*, recitativos e canções) são de profunda importância para cada uma das qualidades atribuídas à obra por esses autores.

As canções do *Anfitrião* agem de diferentes maneiras e com funções também diversas, seja na caracterização dos personagens, no alívio cômico, no apelo patético, na composição de aspectos cômicos e trágicos e na criação de efeitos metateatrais, assim como os *diuerbia*, que acabam ressaltando a importância que a metateatralidade vai ter para a construção de sentidos durante o texto, ou seja, para a percepção que o público tem daquilo que se passa sobre o palco. Foi possível ver também que dois dos padrões sugeridos por Moore (1998a) estão presentes no texto plautino, também compondo seus modos de significar: o enquadramento da fala de Mercúrio (v. 1006-1008) chama a atenção da plateia para a utilização do telhado durante a encenação, e o paralelismo entre a cena performada por Júpiter e Alcmena (v. 861 ss) e aquela entre Anfitrião e Alcmena (fr. VII ss) ressalta o contraste entre as duas situações, pelo qual se desenvolve certa comicidade por meio da exploração do falso e do verdadeiro. Os recitativos, por fim, também compõem esse complexo estrutural, chamando atenção para o andamento do enredo quando septenários, e para a caracterização de personagens e situações, ressaltando o aspecto fantástico daquilo que se passou dentro da casa de Anfitrião durante o parto de Alcmena, quando octonários.

Contudo, não é essa a única maneira pela qual a métrica influi na peça. Em um nível macroestrutural, é possível confirmar que, de acordo com o que alega Marshall (2006), os arcos acabam dividindo a peça em unidades que determinam a forma pela qual o público irá experienciar a encenação, criando expectativas e direcionando sua atenção. Considerando-se a relação entre os arcos conforme aqui apresentados e as ações que cada um deles encerra, pode-se ver que o *Amphitruo* está divido em cinco grandes momentos, aos quais se soma, conforme bem defendeu Marshall (2006, p. 221), um bônus (o sexto arco), que reafirma o encerramento da trama:

- Primeiro arco: a ação compreendida aqui se passa antes do surgimento da situação-problema sob a qual a trama se desenvolve até o final – o conflito entre Anfitrião e Alcmena. Diz respeito à resolução do problema de Júpiter e, do ponto de vista do enredo como um todo, traz ao palco o primeiro momento em que o duplo de um dos personagens encontra-se com o verdadeiro, sendo que a presença dos duplos será a principal questão que levará Alcmena e Anfitrião ao completo desentendimento.
- Segundo arco: aqui, o conflito entre o general e a matrona toma corpo. Levado por Sósia até sua casa, Anfitrião depara com Alcmena, que questiona o retorno rápido de Anfitrião após sair dali, havia pouco, correndo. Anfitrião, como de fato aconteceu, alega não ter passado a noite em casa e sem conseguir

- descobrir o que se passava com sua mulher, acusa-a de traição. A situação-problema está, assim, instaurada.
- Terceiro arco: Júpiter toma as rédeas do enredo e promete conduzir a ação ao seu final, mas alerta que, até lá, vai trilhar um caminho durante o qual vai provocar muita confusão na casa de Anfitrião.
- Quarto arco: chegando novamente em casa, Anfitrião tem sua entrada impedida por Mercúrio, que, com muita audácia, o enfrenta e insulta, causando ainda mais confusão e atormentando ainda mais o espírito do general.
- Quinto arco: Alcmena retorna ao palco e, mais uma vez, discute com seu marido. A confusão torna-se maior quando Anfitrião e Júpiter estão frente a frente tentando convencer Blefarão sobre qual deles seria o verdadeiro general tebano. Quando Anfitrião, desolado e sem enxergar outra saída, decide entrar em casa e matar a todos, Júpiter se manifesta e revela todo o embuste por trás da história. Após isso, Brômia revela a verdade a seu amo, os ânimos se aplacam e a situação se resolve.
- Sexto arco: embora a situação criada por Júpiter já tenha se resolvido, aqui o deus resolve revelar a verdade diretamente a Anfitrião. A peça se encerra com o general pedindo à plateia aplausos para Júpiter.

Aqui, a métrica representa, então, mais do que mero virtuosismo na manipulação das possibilidades rítmicas de composição dos diferentes metros empregados. As estruturas específicas criadas pelo uso contínuo de padrões de versificação diversos – os *diuerbia* e os *cantica* com seus recitativos e suas canções – são, portanto, mais do que demonstração de perícia, conformando-se como ferramentas dramáticas bastante exploradas por Plauto. Dessa forma, é possível que se diga, para concluir, que a métrica conforme empregada por Plauto possui relação bastante profunda com os diferentes modos de significar do *Anfitrião*, pois que tanto reforça como determina muitos de seus aspectos mais relevantes.

Leandro Dorval Cardoso

Notas

[1] Alguns críticos, como Slater (2000), chamam a atenção para o aspecto metateatral presente no *Amphitruo*, afirmando, por exemplo, que Júpiter e Mercúrio, dada a sua atuação e influência na peça, podem ser comparados a um diretor e a um assistente de direção teatrais.

[2] Vale lembrar que o aspecto trágico do *Amphitruo* é um tema recorrentemente levantado e explorado por sua recepção crítica, constituindo-se como uma das entradas mais usuais na peça. Para saber mais sobre o assunto, cf. Cardoso (2008); Cardoso (2010, 2012); Costa (2010, 2014); Gonçalves (2015b); Law (1922); Moore (1998b); Slater (2000).

[3] E ainda (p. 106): "a canção pode servir para um propósito duplo, expressar afetos e variar a elocução, mas pode servir também, embora com menos frequência, simplesmente para variar a elocução. Com isso, o dramaturgo reforça notas patéticas ou trágicas, mas, com mais frequência, pelo fato de que ele está escrevendo uma comédia e buscando divertir, a música parece um modo de iluminar assuntos sérios e dar um toque mais alegre, bem-humorado".

[4] Cf. Duckworth (1994, p. 370 ss); Marshall (2006, p. 232).

[5] Sobre isso, cf. Bond (1999); Cardoso (2008); Cardoso (2010, 2012); Costa (2010, 2014); Gonçalves (2015b); Moore (1998b).

[6] Pela métrica e pelo argumento, é possível estabelecer o sexto fragmento como o último pertencente ao quarto arco do *Amphitruo*.

[7] No trecho citado a seguir, são ia8 1061-1063, 1066-1071 e 1074-1075; são tr7 1064-1065 e 1072-1073.

Bibliografia

ALBRECHT, Michael Von. *A History of Roman Literature: from Livius Andronicus to Boethius*. Revisão de Gareth Schmeling e Michael von Albrecht. Tradução de Francis e Kevin Newman. Leiden: E. J. Brill, 1997. v. I.

ARISTÓTELES. *Poética*. Tradução de Eudoro de Souza. São Paulo: Ars Poética, 1993.

BEARE, W. *The Roman Stage: a history of Roman drama at the time of Republic*. Londres: Mathuen & Co. Ltd., 1964.

BOND, R. P. Plautus' *Amphitryo* as a Tragi-Comedy. *Greece & Rome*, Cambridge, v. 46, n. 2, p. 203-220, 1999.

CARDOSO, Zélia de A. O Anfitrião, de Plauto: uma tragicomédia? *Itinerários*, Araraquara: UNESP, n. 26, p. 15-34, 2008.

CARDOSO, L. D. A Dialogização do Trágico e do Cômico no *Anfitrião*, de Plauto. *Revista Eletrônica Antiguidade Clássica*, v. 6, n. 2, p. 54-69, 2010.

CARDOSO, L. D. *A Vez do Verso: estudo e tradução do Amphitruo, de Plauto*. Curitiba: UFPR, 2012. Dissertação (Mestrado em Letras) – SCHLA, Universidade Federal do Paraná, Curitiba, 2012.

CARDOSO, L. D.; GONÇALVES, R. T. A poética da comédia nova latina. In: *Escamandro*. São Paulo: Patuá, 2014.

CICERÓN. *El orador*. Trad., introd. y notas de E. Sánches Salor. Madrid: Alianza, 2004.

COSTA, Lilian N. da. *Mesclas Genéricas na "Tragicomédia" Anfitrião, de Plauto*. Campinas: UNICAMP, 2010. Dissertação (Mestrado em Letras) – IEL, UNICAMP, Campinas, 2010.

COSTA, Lilian N. *Gêneros poéticos na comédia de Plauto: traços de uma poética plautina imanente*. Campinas: UNICAMP, 2014. Tese (Doutorado dm Letras) – IEL, UNICAMP, Campinas, 2014.

DERRIDA, J. *Khôra*. Paris: Galilée, 1993.

DERRIDA, J. *Khôra*. Tradução de Nícia A. Bonatti. Campinas: Papirus, 1995.

DUCKWORTH, G. E. *The Nature of Roman Comedy: A Study In Popular Entertainment*. New Jersey: Princeton University Press, 1994.

DUPONT, F; LETESSIER, P. *Le Théâtre Romain*. Paris: Armand Colin, 2012.

FLORES, G. G.; GONÇALVES, R. T. Polimetria latina em português. *Revista Letras,* Curitiba, v. 89, 2014.

FRAENKEL, E. *Plautine Elements in Plautus.* Nova York: Oxford University Press, 2007.

GÉLIO, A. *Noites Áticas.* Introdução de Bruno Fregni Basseto e Tradução de José R. Seabra F. Londrina: Eduel, 2010.

GONÇALVES, R. T. Comédia Latina: a tradução como reescrita do gênero. *Phaos – Revista de Estudos Clássicos,* Campinas: UNICAMP/IEL, n. 9, p. 117-142, 2009.

GONÇALVES, R. T. Traduções Polimétricas de Plauto: em Busca da Polimetria Plautina em Português. *Scientia Traductionis,* n. 10, 2011.

GONÇALVES, R. T. Traduire la comédie romaine en vers rythmiques portugais. In: *COLLOQUE VOIX, GESTE ET RYTHME DANS LA POÉSIE ANTIQUE ET MODERNE.* Rouen, França, 2015a.

GONÇALVES, R. T. *Performative Plautus: Sophistics, Metatheater and Translation.* Newcastle-upon-Tyne: Cambridge Scholars Publishing, 2015b.

GRUEN, Erich. *Studies in Greek Culture and Roman Policy.* Los Angeles: University of California Press, 1996

HUNTER, R. L. *A Comédia Nova da Grécia e de Roma.* Tradução de Rodrigo Tadeu Gonçalves et alii. Curitiba: Ed. da UFPR, 2010.

LAW, H. H. *Studies in the Songs of Plautine Comedy.* Tese de Doutorado. Chicago: Departamento de Latim, 1922.

LEJAY, P. A. A. *Plaute.* Paris: Boivin, 1925.

LEO, Friedrich. *Plautinische Forschungen: zue Kritik und Geschichte der Komödie.* Berlim: Weidmmansche Buchhanlung, 1895.

LIMA, E. Tradutor: o inescapável *hôte* da língua do outro. *Trabalhos de linguística aplicada,* Campinas, n. 50.2, p. 413-27, 2011.

MARSHALL, C. W. *The Stagecraft and Performance of Roman Comedy.* Cambridge: Cambridge University Press, 2006.

MENDES, C. F. *A gargalhada de Ulisses: a catarse na comédia.* São Paulo: Perspectiva, 2008.

MESCHONNIC, H. *Poética do Traduzir.* Tradução de Jerusa Pires Ferreira e Suely Fenerich. São Paulo: Perspectiva, 2010.

MOORE, T. J. *Music in Roman Comedy.* Cambridge: Cambridge University Press, 2012.

MOORE, T. J. Music and Structure in Roman Comedy. *The American Journal of Philology,* Baltimore: The John Hopkins University Press, v. 119, n. 2, p. 245-273, 1998a.

BIBLIOGRAFIA | 167

MOORE, T. J. *The Theater of Plautus: Playing to the Audience*. Austin: University of Texas Press, 1998b.

POUND, Ezra. *ABC da literatura*. Tradução de A. de Campos e J. P. Paes. São Paulo: Cultrix, 1970.

PLAUTO, M. A. *A Marmita (Aulularia): Comédia em 5 Atos*. Tradução do Barão de Paranapiacaba. Rio de Janeiro: Tipografia Chrysalida, 1888.

PLAUTO, T. M. *O Truculento*. Tradução, introdução e notas de Adriano Milho Cordeiro. Coimbra: Centro de Estudos Clássicos e Humanísticos, 2010.

SCHLEIERMACHER, F. D. E. Sobre os diferentes métodos de tradução. In: HEIDERMANN, W. (Org.). *Clássicos da teoria da tradução*. v. I. 2. ed., Alemão-Português. Florianópolis: Ed. da UFSC, 2010. p. 37-101.

SLATER, Niall W. *Plautus in Performance: The Theatre of the Mind*. Amsterdã: Harwood, 2000.

TERÊNCIO, P. *Comédias*. Tradução de Leonel da Costa Lusitano. São Paulo: Cultura, 1945.

TOBIAS, A. J. Bacchiac Women and Iambic Slaves in Plautus. *Classical Word*, n. 73, p. 9-18, 1922.

WRIGHT, J. *Dancing in Chains: The Stylistic Unity of the Comoedia Palliata*. Roma: American Academy of Rome, 1974. v. XXV. Papers and Monographs of the American School at Rome.

Edições e traduções do *Amphitruo*

PLAUTE, T. M. *Comédies*. Edição e tradução de Alfred Ernout. Paris: Les Belles Lettres, 2001. Tomo I.

PLAUTO, T. M. *Anfitrião*. Introdução, tradução do latim e notas de C. A. L. Fonseca. Lisboa: 70, 1978.

PLAUTO; TERÊNCIO. *A comédia latina – Anfitrião, Aululária, Os cativos, O gorgulho, Os Adelfos, O Eunuco*. Prefácio, seleção, tradução e notas de Agostinho da Silva. Rio de Janeiro: Globo, 1952.

PLAUTO, T. M. *Anfitrião*. Tradução e adaptação de José Dejalma Dezotti. 199X. (Inédito.)

PLAUTO, T. M. *Anfitrião de Plauto*. Tradução, introdução e notas de Lilian Nunes da Costa. Campinas: Mercado das Letras, 2013.

PLAUTUS, T. M. *Amphitruo: Anfitrião*. Tradução de Otávio T. de Brito. Estudo introdutório de Gilda S. de Brito. Rio de Janeiro, 1981.

PLAUTUS, T. M. *The Amphitruo of Plautus*. Edição, Introdução e Notas de Arthur Palmer. Nova York: Macmillan and Co., 1890. p. xi-liv.

PLAUTUS, T. M. *Amphitruo. Plauti Comoediae.* Ed. F. Leo. Los Altos, USA: Packard Humanities Institute, 1895, v. 1.

PLAUTUS, T. M. *Amphitruo.* Edição de Ludovico Havet. Paris: Livraria Émile Bouillon, 1895.

PLAUTUS, T. M. *Comoediae. Tomus I: Amphitruo, Asinaria, Aulularia, Bacchides, Captiui, Casina, Cistellaria, Curculio, Epidicus, Menaechmi, Mercator.* Edição, introdução e texto crítico de W. M. Lindsay. Oxford: Oxford University Press, 1904.

PLAUTUS, T. M. *Amphitruo.* Edição, introdução e notas de W. B. Sedgwick. Manchester: Manchester University Press, 1960.

PLAUTUS, T. M. *Amphitruo.* Edição de D. M. Christenson. Cambridge: Cambridge University Press, 2000.

PLAUTUS, T. M. *Amphitryon, The Comedy of Asses, The Pot of Gold, The Two Bacchises, The Captives.* Edição e tradução Wolfgang de Melo. Cambridge, MA: Harvard, Loeb Classical Library, 2011. v. I.

Apêndice I
Conspectus metrorum Amphitruonis[1]

v. 1-152: ia6
v. 153-158: ia8
v. 159-160: tr8
v. 161-162: an5
v. 163: tr4-cat
v. 164: ba3
v. 165: col-reiz2
v. 166-167: an4
v. 168-172: ion4-cat
v. 173-176: ba4
v. 177: an4-cat
v. 178: ba4
v. 179: ba3-cat
v. 180-218: ia8
v. 219-221: cr4
v. 222: tr7
v. 223: cr2 + tr4-cat
v. 224-229: cr4
v. 230: cr1 + tr4-cat
v. 231-232: cr4
v. 233: cr2 + tr4-cat
v. 234-236: cr4
v. 237: tr2

v. 238-241: cr4
v. 242: cr2 + cr-col
v. 243-244: cr4
v. 245: cr2 + tim
v. 246: cr4
v. 247: es2
v. 248-252: ia8
v. 253-254: tr7
v. 255-262: ia8
v. 263-462: tr7
v. 463-498: ia6
v. 499-550: tr7
v. 551-571: ba4
v. 572: col-reiz2
v. 573: ba4
v. 574: an4-cat
v. 575-579: tr-sis17
v. 580-583: tr-sis10
v. 584-585: tr-sis8
v. 586-632: tr7
v. 633: ba6
v. 634: ba4
v. 634a-635: ba4

v. 636-637: ba6
v. 638: ba4
v. 638a: ba-col
v. 639: ba4
v. 639a: ba-col
v. 640: ba6
v. 641: col-reiz
v. 641b: ba-col
v. 642: ba6
v. 643: ba-col
v. 644: ba3
v. 645: ba4
v. 645a: col-reiz
v. 646-647: ba4
v. 647a: col-reiz
v. 648: ba3-cat
v. 649-650: ba4
v. 650a: col-reiz
v. 651: ba2
v. 652: ba4
v. 653: col-reiz
v. 654-860: tr7
v. 861-955: ia6

v. 956-973: tr7
v. 974-983: ia6
v. 984-1005: ia8
v. 1006-1008: ia6
v. 1009-1034: tr7
fr. I - fr. VI: tr7
fr. VII - fr. X: ia6
fr. XI - fr. XIX: tr7
v. 1035-1052: tr7
v. 1053-1061: ia8
v. 1062: an8
v. 1063: ia8
v. 1064-1065: tr7
v. 1066: ia8
v. 1067-1068: ia-cont
v. 1069-1071: ia8
v. 1072: tr7
v. 1073: ia4
v. 1074-1085: ia8
v. 1086-1130: tr7
v. 1131-1143: ia6
v. 1144-1146: tr7

Legenda

ia – jambo
tr – troqueu
an – anapesto
ba – báquico
col-reiz – *colon reizianum*
tim – timélio
es – espondeu

ion – jônio
cr – crético
cat – catalético
col – *colon*
sis – sistema
cont – continuati
1 – monômetro

2 – dímetro
3 – trímetro
4 – tetrâmetro
5 – pentâmetro
6 – hexâmetro / senário
7 – septenário
8 – octonário

Apêndice II
Principais diferenças entre edições[2]

locus	Ernout	Christenson	Leo	Lindsay
Arg. II.9	†Alcumena	†Alcumena†	(corrompido)	illa
5	bene expedire	bene expedire	bene <me> expedire	bene expedire
14	(aceito)	(aceito)	(entre parênteses)	(aceito)
32	fero	fero	(corrompido)	fero
34	iuste	iustae	iusta	iustae
38	(nova seção)	(nova seção)		
45	reg., architectus<t>	(sílabas)	reg. * architectus	(sílabas)
46	(sílabas)	<ille> illi	(corrompido)	<ille> illi
54	faciam | ex	faciam ex	faciam ex	faciam <iam> ex
56	sit an non uoltis?	fit an non? uoltis?	sit an non uoltis?	sit an non uoltis?
64		(nova seção)		
69	ambissent pal. hist.	ambissent pal. hist.	ambissint pal. hist.	ambissent pal. <his> hist.
71	ambisset	ambisset	ambissit	ambisset
81	mandatis	mandatis <is>	mihi <pater>	mandatis <is>
93	(aceito)	(entre parênteses)	(entre parênteses)	(aceito)
125	abiit	abiuit	abiit	abiuit
143	usque in	usque in	usque in	usque <hic> in
146	nemo | horum	nemo horum	nemo horum	nemo <homo> horum
149	nunc cum	nunc cum	nunc cum	nunc <huc> cum
152	facere | histrion.	facere histrion.	facere histrion.	facere <hic> histrion.
158	nec ... me <malo>	nec ... me <malo>	nec ... me <malo>	siet, nec ... me om.
169	ade<o>st	adest	adeost	adest
170	diues	diues,	diues,	diues
173	(aceito)	(aceito)	(entre parênteses)	(aceito)
180	numero mihi	numero mihi	num numero mihi	numero mihi
192	eri mei	eri mei	eri mei	mei eri
193	praeda atque ago |	praeda atque agro	praeda atque agro	praedaque agroque
198	mendacium,	mendacium –	mendacium,	mendacium,
207	redderent,	reddere	redderent	reddere
217	contra Teloboae	contra Teloboae	Teloboae contra	contra Teloboae
234	uulnerum ui uiri	uolnerm ui uiri	uolnerm ui uiri	uolneris ui et uirium
236	cadunt; ... ingruunt	cadunt, ... ingruont,	cadunt, ... ingruont	cadunt, ... ingruont.
237	uicimus	ui<n>cimus	[uicimus]	uicimus
238	†fugam in	fugam in	†fugam in	fugam in

240	*amittunt*	amittunt	omittunt	amittunt
261	solitus est rex	rex est solitus	solitus est rex	rex est solitus
264	huc ho. | hodie	hunc ho. hodie	huc h. hodie	hunc ho. <huc> hodie
294	homo <hodie> h.	homo <hodie> h.	homo hoc	homo <hodie> h.
300	fab., †hic ausc.	fab., <ut> h. ausc.	fab., <ut> h. ausc.	fab., ausc. h.
301	†modum m<ai>orem	modum <in> maiorem	demum maiorem	modum maiorem
302	quod	quod	quom	quod
329	hercle e naui	hercle, naui	hercle, naui	hercle e naui
347	eri sum	eri sum	eri <iussu, eius> sum	eri sum
355	familiaris,	familiaris,	familiaris	familiaris,
384	socium"	socium	†socium	socium
400	nobis prae. me<d>	nobis prae. med	nobis prae. med	praesente nobis
401	*após o 400*	*após o 403*	*(entre parênteses)*	*após o 400*
405	nonne me	nonne me	nonne me	non me
408	nunc malae	nunc <mihi>	nunc <mihi>	<mi> misero
418	Amph. <doni> a	Amph. a	Amph. a <doni>	Amphitruoni a
423	(422) quid me	quid? me	quid me	quid me
439	Sosia nolim	nolim Sosia	Sosia nolim	Sosia nolim
471	om. | Amph. fam.	om. Amph. fam.	om. Amph. fam.	Amph. om. fam.
479	quod	quod	quod	quo
479–485	*(entre parênteses)*			
481–482		*(entre parênteses)*	*(aceito)*	*(aceito)*
489–490	*(aceito)*	*(entre parênteses)*	*(entre parênteses)*	*(aceito)*
507	obseruatote ⋆ ,	obseruatote <eum>	obseruatote <eum>	obseruatote, <ut>
524	primo prima <ut>	primo prima <ut>	primo <ut>	primo <ut>
546, 548	Nox	Nox	nox	nox
549	disparet.	disparet	disparet.	disparet
550	*ei*; dies	et dies	sed dies	et dies
555	facis,	facis	facis <tu>	facis
572	si non id	si non id	*(corrompido)*	si id
595	mirum magis	mirum <mirum>	mirum ⋆ magis	mirum <mirum>
623	†nunc	nunc <te>	nunc <te>	nunc <ut>
629–631	*(entre parênteses)*	*(entre parênteses)*	*(entre parênteses)*	*(aceito)*
632	*(aceito)*	*(aceito)*	*(entre parênteses)*	*(aceito)*
635	di<ui>s	di<ui>s	diuis	dis
638	mei †mihi	[mei] mihi	mei mihi	[mei] mihi
670	du*c*tare	d<u>ctare	putare	dictare
681	quom [te] grau.	quom [te] grau.	†grauidam	quom [te] grau.
685	*(entre parênteses)*	*(aceito)*	*(entre parênteses)*	*(aceito)*
726	uae misero mihi!	uae [misero] mihi	ei misero mihi	uae [misero] mihi
770	fiat. <i>	fiat. <i>	fiat. <heus>	fiat. <hi>
777	plenast. <AL> quid	plenast. quid	pleanast AL. quid	plenast AL. quid
785	<alium>, *alium* ego	<alium>; alium ego	ego alium	<alium>, ego alium
838	†in uerbis proba's	<en>im uerbis proba's	†in uerbis probas	†in† uerbis probas
872	| innocenti |	innocenti	innocenti	†innocenti†
875	frustrationem | hodie	frustrationem hodie	frustrationem hodie	hodie frustrationem

884	†infectare est at	infecta re est	infecta ut reddat	†infectare est at†
897	qui me	qui me	qui me	qui <modo> me
899	<ingeni> ing.	<ingeni> ing.	auortisti? ⋆ Al. ita	<ingeni> ing.
952	(sílabas) lud.	<laute> lud.	adeo ⋆ inpransus	(corrompido)
968	<q>ui re	ut re	qui re	uti re
976	huc fac adsis Sosia	huc fac adsis Sosia	huc fac adsis Sosia	Sosia, huc fac adsis
978	fac Amphitruonem	fac Amphitruonem	fac Amphitruonem	fac iam Amph.
985	quisquam †tam	quisquam <iam> tam	quisquam tam	quisquam tam au<i>dax
fr. V	post. matulam unam	post., matula[m] u<r>-nam	post. matulam unam	post. matulam unam
fr. XII	eff. plus ... in dies	eff. <tu> ... in dies	ecf. <tu> ... in die	ecf. ... in dies
fr. XIII	pessimo	pessumo	pessimo	pessumae
fr. XVII	<AM.>	(IU.)	(AM.)	(AM.)
1038	opust me ad.	opust med ad.	opust med ad.	med ad. opust
1040	ego (sílabas)	ego <faciam>	ego <faciam>	ego ⋆ quem
1042	[nam]	[nam]	(corrompido)	[nam]
1061	[sibi]	[sibi]	sibi	[sibi]
1062	prope	prope	propere	prope
1108	iubati	iubatae	iubati	iubatae
1109	maximi	maxumae	maximi	maxumae
1111	conspicati ... citi	conspicatae ... citae	conspicati ... citi	conspicatae .. citae
1116	alterum ... eos	alteram ... eas	alterum ... eos	alteram ... eas
1123	illos	illas	illos	illas

Notas

[1] MOORE, T. *The Meters of Roman Comedy*. Disponível em: <http://romancomedy.wulib.wustl.edu/index.html>. Acesso em: 25 jan. 2020.

[2] Feito a partir de Plauto (2000).

Sobre o tradutor

LEANDRO DORVAL CARDOSO nasceu em Apiaí, SP, em 1984. Bacharel em Letras – Português e Latim pela Universidade Federal do Paraná (2009), onde também obteve o título de mestre em Letras – Estudos Literários (2012). Em 2018, obteve o título de doutor em Estudos Literários pela Universidade Estadual Paulista Júlio de Mesquita Filho, campus de Araraquara. Em 2016, publicou a primeira tradução brasileira de *Utopia* (Vozes), de Thomas Morus, feita diretamente do latim. Em 2017, colaborou com a antologia *Por que calar nossos amores? Poesia homoerótica latina* (Autêntica), com traduções de Públio Papínio Estácio. Também em 2017, colaborou com o livro *A comédia e seus duplos: o Anfitrião de Plauto* (Kotter Editorial e Ateliê Editorial), com um capítulo sobre a peça *Getae et Birriae Liber siue Amphitrioneis*, de Vital de Blois. Atualmente, organiza a antologia *Além de Aristóteles: poéticas do teatro, da Antiguidade à Idade Média*, a ser publicada pela Editora UFPR (no prelo).

Esta edição do *Anfitrião* foi impressa para a Autêntica
pela Paulinelli em outubro de 2020, no ano em que se celebram

c. 2800 anos de Hesíodo (séc.VIII a.C.);
c. 2800 anos de Homero (séc.VIII a.C.);
c. 2500 anos dos mais antigos textos bíblicos (séc.VI a.C.);
c. 2271 anos do nascimento de Plauto (c. 251 a.C.),
2119 anos de Julio Caesar (102-44 a.C.);
2087 anos de Virgílio (70-19 a.C.);
2082 anos de Horácio (65-8 a.C.);
2060 anos de Ovídio (43 a.C.-18 d.C.);
2017 anos do fim do uso da escrita cuneiforme (1 a.D.)
e
23 anos da fundação da Autêntica (1997).

O papel do miolo é Off-White 80g/m² e o da capa é Supremo 250g/m².
A tipologia é Bembo Std.